공정성과
조직몰입, 직무만족, 조직유효성

현대 기업경영의 목표는 성과 향상에 있다고 할 수 있을 것이다. 기업조직은 이러한 목적을 달성하기 위하여 물적 요소의 측면과 인적요소의 측면을 고려해야 하나 현대의 기업조직은 물적 요소의 관리보다는 보다는 인적자원의 효과적 활용 여부가 경영의 능률과 직결되고 오늘날 기업경영에서 많은 문제점을 안고 있는 공정성과 조직몰입, 직무만족, 조직유효성과의 관계로 귀착되고 있다.

공정성과
조직몰입, 직무만족, 조직유효성

조 국 행

KSI 한국학술정보㈜

머리말

현대경영관리에서 필요한 자원은 인적·물적 자원, 금융자원, 정보
자원 등 다양하나 가장 중요한 자원으로 인식되고 있는 인적 자원은
생산성과 기술혁신을 선도할 수 있는 지적 자원으로 평가되고 있다.

농경사회에서는 인간 활동의 주요대상이 자연이었다. 공업화 사회
에는 조립된 인공적인 자연이었지만 정보화 사회에서는 그 추구대상
이 상호 작용하고 교류하는 인간인 것이다. 경제의 중심과제가 공급
에서 수요의 전환이 아니라 이제는 선택으로 변하고 있다.

이제 근육을 두뇌로, 땀을 지식으로, 노동을 정보로 전환해야 할 시
점에 와 있는 것이다. 이러한 점에서 기업경영에 있어서도 생산보다
는 서비스, 자원보다는 정보의 공급이 강조됨에 따라 모든 조직체는
인적 자원의 육성개발에 전사적 노력을 기울여야 할 것이다.

현대경영학의 요체는 생산성 향상을 기본토대로 하면서 정보와 기
술자원을 주요 동력으로 하는 글로벌 경영시대에 부응할 수 있는 능
력을 배양하는 데 있다. 이를 위해 요구되는 것이 새로운 조직체계와
행동규율인 것이다. 전통적인 관리방식으로는 점차 심화되는 경쟁사회

에서 살아남기 어렵다. 첨단 과학기술시대에 걸맞은 행동체계와 그것의 실천적 응용이 현대경영학이 갖추어야 할 핵심적인 소프트웨어인 것이다. 이처럼 21세기의 BT(bio technology)산업사회에서는 더욱 인간존중이 강화될 것이고 인적 자원을 중시하는 시대가 전개되고 있는 것이다. 즉 현대기업은 인적 자원을 경쟁력의 원천으로 하는 경영전략으로 나가지 않을 수 없는 것이다. 이러한 맥락에서 현대사회에서의 인간행동에 대한 연구를 기초로 하여 조직유효성을 추구하기 위한 종합적이고도 전반적인 인간행동에 관한 연구가 활발하게 진행되어 왔다.

현대기업경영의 목표는 성과 향상에 있다고 할 수 있을 것이다. 기업조직은 이러한 목적을 달성하기 위하여 물적 요소의 측면과 인적 요소의 측면을 고려해야 하나 현대의 기업조직은 물적 요소의 관리보다는 인적 자원의 효과적 활용 여부가 경영의 능률과 직결되고 오늘날 기업경영에서 많은 문제점을 안고 있는 공정성과 조직몰입, 직무만족, 조직유효성과의 관계로 귀착되고 있다. 따라서 공정성이 조직몰입, 직무만족, 조직유효성에 어떠한 영향을 주는지를 분석함으로써 조직성과를 높일 수 있는 방안을 제시하여 기업을 운영하는 관리자들에게 도움을 주고자 한다.

공정성 이론은 개인의 욕구에 초점을 두기보다는 사회적 교환관계에서 얻어진 결과에 의한 정서적 및 행동반응에 관심을 갖는다. 즉 분배공정성은 사회적 교환을 평가할 경우 사람들이 투입과 결과를 어떻게 고려하는지를 설명하기 위한 개념이다. 만약 자신이 투입과 결과를 검토하여 두 요소 간의 분배적 정의를 경험하면 만족을 느낄 것이다. 반면에 분배적 불공정을 느낀다면 불만족을 느낄 것이다. 만약 교환관계에 있어서 분배적 정의를 느끼지 못한다면 정의 상태 즉, 공정한 상태를 회복하기 위한 행동을 취하든지 또는 교환관계를 이탈하든지 두 가지 방안이 있다.

여기서 투입은 사회적 교환관계에 있어서 교환의 직접적 당사자가 적절하다고 인식되는 모든 요소를 의미한다. 투입은 개인이 적절하다고 인식되는 지각에 의해 결정된다는 것에 유의할 필요가 있다. 조직과의 교환관계에서 흔히 언급되는 투입에는 시간, 노력, 성과, 학력, 숙련 및 자격 등을 들 수 있다. 투입은 개인이 적절하다고 인식하는 모든 요소를 포함하고 있으므로 조직이 인정하지 않는 요소인 연령, 성, 사회적 지위 등과 같은 요소도 흔히 포함되는 것을 볼 수 있다.

결과는 사회적 교환관계에 있어서 교환의 직접적 당사자에게 제공되는 모든 보상을 의미한다. 조직과의 교환관계에 있어서 흔히 인식되는 결과에는 임금, 작업조건, 인간관계, 조직 내 지위 그리고 내재적 보상 등이 있다. 긍정적 및 부정적 결과 모두가 분배적 정의를 평가하는 데 영향을 미친다. 따라서 스트레스, 두통, 피로 등도 모두 결과로 인식될 가능성이 있는 것이다. 투입과 마찬가지로 가족반응, 동료인정 등과 같은 의도하지 않은 결과도 포함될 수 있다.

절차공정성은 의사결정에 사용된 규칙과 절차에 대한 지각된 공정성을 의미한다. 공정성 이론에 의하면 사람들은 자신의 투입, 결과 비율을 비교대상의 투입, 결과 비율과 비교함으로써 공정성 여부를 판단한다. 즉 공정성 이론은 분배적 정의에 근거를 두고 희소자원을 사람들에게 배분하는 의사결정에 초점을 두고 있는 것이다. 그러나 공정성에 대한 지각은 의사결정 결과의 공정성뿐만 아니라 의사결정에 이르는 과정이 얼마나 공정하였는가에 의해서도 영향을 받는다.

따라서 본서에서는 인적 자원이 집단 속에서 어떠한 역학관계가 형성되며 그들의 행동에 영향을 미칠 수 있는 방법 즉 분배 및 절차공정성이 조직몰입, 직무만족, 조직유효성에 어떠한 영향을 미치는가를 분석하여 기업경영의 새로운 패러다임을 제시하고자 한다.

이 책은 저자의 박사학위논문을 토대로 재구성한 것이다. 본서(本書)의 내용은 몇 가지 의미 있는 모습을 제공하고 있는데 분배공정성과 절차공정성의 차별적 영향을 재확인할 수 있었다. 지금까지의 몇몇 연구에서만이 이러한 차별적 영향에 대한 관심을 보였을 뿐 조직공정성 변수가 조직구성원의 태도에 단순 상관관계인 정의 관계만을 보인다고 연구되었을 뿐이었다. 이에 비해 본서(本書)에서는 임금, 승진, 보상, 인사관리에 대한 절차적 공정성이 조직유효성에 미치는 영향이 있음이 밝혀졌으며, 분배공정성과 조직몰입, 직무만족에 직접적인 관계가 있음을 시사한다.

끝으로 학문적 지원과 배려를 해주신 선배 교수님들에게 고마움을 전하며 이 책이 출간될 수 있도록 노고를 아끼지 않으신 한국학술정보㈜의 모든 분들께 감사의 마음을 전하고자 한다.

2007년 1월
조 국 행 씀

목 차

제3장 연구의 설계 / 81

제4장 실증분석 / 101

제5장 결론 / 115

참고문헌 / 121

제1장 서 론

제1절
문제제기와 연구목적

　조직에 있어서의 공정성 문제는 조직구성원에 대한 조직의 각종 의사결정과 관련하여 발생되는 것이다. 승진 및 이동, 성과평가, 임금결정, 전환배치, 해고 등은 조직구성원의 신상에 직접적인 영향을 미치는 결정들이다. 이러한 의사결정에 따라서 조직구성원들의 이해가 달라지는데 그것은 일반적으로 조직구성원들의 수요(욕구)보다는 조직의 공급(분배)이 적은 상황에서 의사결정이 내려지기 때문인 것으로 보인다. 거의 모든 조직구성원들이 원하는 승진이나 좋은 자리로의 이동 또는 원치 않는 해고 등의 불이익 조치는 대상이 한정되어 있고, 성과평가도 등급이 설정되어 있다. 또한 임금결정도 제한된 자원을 분배하는 것이다.

　이와 같이 조직이 수요와 공급이 불일치한 상태에서 조직구성원들과 관련된 의사결정을 내리는 데에는 조직구성원 누구나 인정하는 공정성 및 정당성을 갖추어야 한다. 만일 조직구성원들이 인정하지 못하는 불공정한 결정이 있을 경우에는 불공정성을 인식한 조직구성원

들은 좌절이나 직무불만족 등의 소극적인 반응은 물론 결근, 이직 등
의 적극적인 반응을 초래하여 조직유효성에 저해되는 중요한 문제를
일으키게 될 수도 있다.

이러한 조직공정성의 문제는 최근의 국내외 경영여건의 변화에 따
라 우리의 기업환경에서 그 중요성이 한층 강조되고 있는 실정이다.
오늘날의 경제는 국가 간의 경계가 없어지고, 기업들은 국제적으로
무한경쟁 상태에 노출되어 있다. 따라서 생존과 경쟁력 강화의 차원
에서 기업들은 다운사이징, 구조조정, 기업인수 합병 등 경영혁신의
방안을 추진할 수밖에 없게 되었는데, 이러한 기업혁신 과정에서 지
금까지 전통적으로 인정되었던 평생고용 제도나 연공에 기초한 임금
관리가 퇴조하고, 정리해고 제도나 성과급제 내지는 연봉제와 같은
조직구성원 개인 간의 치열한 경쟁을 전제로 하는 인사관리 제도가
점차로 도입·확산되고 있다. 이와 같은 경향은 특히 IMF 관리체제하
에서 일반화되어 있어 사기업에서뿐만 아니라 경쟁력 강화를 이유로
국가나 지방자치단체의 공무원에게까지도 이 제도가 확대 적용되고
있는 추세에 있다. 그러나 이러한 인사관리에 있어서의 획기적인 개
혁은 그 추진 과정에서 구성원들의 납득할 만한 정의 즉, 조직공정성
이 확보될 때 원하는 목적을 달성할 수 있게 될 것이다.

이와 같이 그 의미의 중요성이 증대되고 있는 조직공정성(organiza-
tional justice)의 문제는 인지부조화 이론(cognitive dissonance theory),
균형이론(balance theory), 교환이론(exchange theory) 등과 같은 다양한
이론적 기반하에서 출발하여 Adams의 공정성 이론에 이론적 토대를
두고 있다. 이러한 공정성 문제를 연구함에 있어서는 다음의 몇 가지
사항들이 고려되어야 한다.

첫째, 조직공정성 중 분배공정성은 조직에 있어서의 자원에 대한

공정한 분배에 관한 것이므로 결과 지향적인 분배공정성의 문제를 세밀하게 다루어야 한다. 즉, 조직구성원들이 주관적, 심리적으로 정당성을 인정하게 되는 기준인 분배의 원칙이 어떤 것이냐가 연구되어야 한다. 지금까지의 연구결과들에 의하면, 분배의 원칙으로 평등(equality), 공정성(equity), 필요(need) 등이 주요 관심이 되어 왔다. 조직구성원 모두에게 균등하게 분배하는 평등이나 조직구성원의 필요에 따라 나눠주는 필요도 중요한 분배원칙임에 틀림없으나 개인 간의 경쟁을 전제로 하는 공정성은 자본주의 경제사회의 기본적인 분배원칙이고, 우리 기업이 현재 지향하는 규범이다. 따라서 평등이나 필요보다는 공정성으로 분배의 원칙을 규정짓는 것이 타당한 것이다.

둘째, 조직의 공정성 문제가 단순하게 의사결정의 결과, 즉 분배공정성에 한정되어 조직구성원들에게 지각되고 있는가의 문제이다. 앞서 서술하였듯이 분배공정성은 한정된 자원의 분배에 관심을 갖는 것이다. 결과에 대하여 조직구성원 모두가 만족하는 경우는 있을 수 없는 일이다. 그러므로 기존 연구들의 결과에 따르면 불만족을 완화하는 요소로서 공정한 절차를 제안하고 있다. 이것은 절차공정성도 결과의 공정성과 함께 조직공정성 정도를 평가하는 중요한 구성요소가 됨을 뜻하는 것이다. 따라서 절차공정성에 대한 분석도 매우 중요하게 인식되고 있다. 최근의 연구에서 가장 두드러진 발전이라 할 수 있는 것이 바로 분배공정성과 절차공정성의 구분이다.

셋째, 조직공정성을 독립변수로 선택했을 경우, 분배공정성 혹은 절차공정성에 영향을 받는 결과변수에 관한 연구는 적었던 것이 사실이다. 지금까지의 몇몇 연구들의 결과에 의하면 일반적으로 인정되고 있는 결과변수들로는 직무만족, 직무몰입, 봉급만족 등이 대표적이며, 더 나아가 조직몰입, 감독자 만족 등에 관한 관심이 증대되고 있다고 할 수 있다. 지금까지의 선행연구를 보면 대부분의 공정성 연구에서는 직무만족, 조직몰입도, 이직, 결근 그리고 조직도덕성 등 제반 조직유효성을 신장시키는 원인으로 분배공정성과 절차공정성이 주요한 역할을 수행하고 있음이 제시되고 있다.

앞에서 서술하였듯이 조직공정성 연구에서 주목해야 할 여러 가지 사안 중 지금까지의 기업 내 인사 시스템에 대한 종업원의 공정성 지각과 그에 대한 태도, 그리고 조직유효성 간의 관계를 다룬 기존의 연구들은 지각-태도-성과 등 포괄적인 관련성 분석에 대한 연구는 미진하였다고 본다. 따라서 본 연구에서는 조직공정성 인식과 그로 인한 조직구성원의 태도 형성 및 이러한 태도의 형성이 조직유효성 측면에 어떠한 영향을 미치는가를 실증 분석하고자 한다.

본 논문에서는 앞에서 살펴본 조직공정성 문제의 여러 가지 쟁점사항 중 인사관리, 특히 승진관리, 인사고과, 보상관리에 초점을 두고 조직구성원들이 조직의 공정성에 대해 어떻게 지각하고 있는가를 알아보고, 절차공정성에 좀더 비중을 두어 공정성의 평가기준에 대한 조직구성원의 인식을 살펴보며, 조직공정성과 조직몰입, 직무만족 간의 관계는 물론 조직공정성과 조직유효성 간의 관계에 어떠한 영향이 있는지를 폭넓게 분석해 보고자 한다.

본 논문의 연구목적을 정리하면 다음과 같다.

첫째, 조직구성원의 분배공정성 및 절차공정성에 대한 지각 정도를 확인하고자 한다.

둘째, 조직구성원들이 지각한 조직공정성이 조직몰입과 직무만족에 어떠한 영향관계에 있으며, 추가적으로 조직몰입이 직무만족에 미치는 영향관계가 어떠한가를 평가해 보고자 한다.

셋째, 조직몰입과 직무만족이 조직유효성에 미치는 영향관계를 파악한 후 조직공정성이 조직유효성에 미치는 영향을 규명하고자 한다.

제 2 절
연구의 방법 및 범위

1. 연구의 방법 및 범위

본 논문에서는 기존 연구의 이론을 토대로 가설을 설정한 후, 실증분석을 통하여 가설을 검증하고 분석한 결과를 중심으로 해석하여 결론을 도출하는 연구방법을 택하였다.

또한 사회과학 분야의 일반적 연구방법인 탐색적 연구(exploratory approach)와 기술적 연구(descriptive approach) 방법을 병행하였다. 국내외의 관련 자료와 문헌에 의하여 이론적 틀을 마련하고, 이를 기초로 연구모형과 가설을 설정한 후 조직구성원을 대상으로 설문지를 이용하여 자료를 수집한 후, 통계적 방법으로 가설을 검증하는 실증적 연구 분석을 사용한다. 수집된 자료는 변수 간의 인과관계를 추론하고자 기술통계량과 상관관계 분석 및 SPSS 10.0을 사용하여 분석을 하였다. 또한 각 변수들 간에 인과관계를 보다 구조적으로 파악하는 것이 본 논문의 목적이므로 이를 위해 LISREL 분석의 구조방정식 모델(Structural Equation Model)을 사용하여 가설을 검증하였다.

2. 조사대상 및 논문의 구성

급변하는 경영환경에 유연하게 대처할 수 있는 혁신적인 조직구조 및 인적 자원 관리방안의 모색차원에서 많은 기업들이 보다 과학적이고 합리적인 평가 시스템에 기초한 능력 중심의 인사관리 시스템 설계 및 운용에 관심을 기울이고 있다. 그러나 기업의 생존을 위한 당위성에도 불구하고 능력 중심의 인사관리 시스템이 정착되는 데 어려움이 있는 이유는 새로운 시스템에 대한 조직구성원들의 인식과 태도, 그리고 그로 인하여 나타나는 행동적 결과를 제대로 충분하게 반영해 주지 못하는 현실, 그리고 성과를 단기적으로 생산성 차원에서만 바라보던 기존의 관점을 고수하고 있기 때문으로 생각된다. 따라서 새로운 시스템에 의한 평가와 보상이 조직구성원의 입장에서 합리적이고 공정하다고 인지되는지에 대한 인지적·태도 측면에서의 검토가 이루어져야 한다. 앞에서 언급한 연구목적을 달성하기 위한 연구대상과 범위는 다음과 같다. 연구대상 기업은 제조업, 금융업, 건설업, 서비스업체이다.

기존의 연구에서는 특정산업 또는 특정기업에 한정하여 연구를 시행함으로써 연구결과의 적용에 한계가 있었다. 그런데 본 논문에서는 연구결과의 일반화 가능성을 높이기 위하여 다양한 산업을 그 연구대상으로 하였다. 가설검정에 필요한 자료들을 수집하기 위하여 선행연구에 기초하여 작성한 설문지를 경인지역과 서울지역의 직장인들에게 배포 및 회수하여 분석하였다. 그리고 본 연구의 구성은 다음과 같다.

제1장은 서론으로 연구의 목적, 연구의 방법과 범위를 기술하였다.

제2장은 공정성 이론과 인사관리 하위개념, 그리고 조직공정성과 조직유효성 간의 관계를 구성원의 태도와 관련하여 조직몰입, 직무만족 측면에서 다룬 연구를 고찰하였다.

제3장은 이론적 배경을 토대로 실증분석을 위한 연구모형과 가설을 설정하고, 이를 검증하기 위하여 각 변수에 대한 조작적 정의 및 측정, 측정도구의 검증, 조사대상의 선정, 설문지의 구성 및 내용 조사 방법들을 제시한다.

제4장은 수집된 자료를 통계적 분석을 통하여 주어진 가설을 검증한다.

제5장은 지금까지 논의된 본 연구의 결과를 제시하고, 향후 연구를 위한 제언과 조사 및 분석 과정에서 나타난 한계를 제시한다.

제2장 이론적 배경

제 1 절
조직공정성에 관한 기존 연구

1. 조직공정성 연구의 접근법

공정성 연구에 대한 접근법은 크게 두 가지로 구분된다고 할 수 있다. 먼저 사회 전반적 접근인가, 또는 조직 심리적 접근인가의 차원과 결과 지향적인가 과정 지향적인가 하는 차원이다. 이는 다음과 같은 조합으로 구성해 볼 수 있다.

〈표 2-1〉 공정성의 연구 접근방법

구 분	사회 전반적	조직 심리적
결과 지향적	사회정의	분배공정성
과정 지향적		절차공정성

자료: 정범구, '인사관리 시스템에 대한 공정성 인식의 결정요인과 결과요인에 관한 연구' 서울대학교 대학원 박사학위논문. 1993, p.5의 내용을 수정하여 재인용.

즉, 규범적이고 거시적이고 사회 전반적인 관점에서의 접근은 사회 정의 측면인 반면, 미시적이고 심리적이며 조직 내적인 관점에서의 접근은 공정성 측면이라 할 수 있다. 그리고 공정성은 다시 결과 지향적이냐 과정 지향적이냐에 따라 분배공정성과 절차공정성으로 구분되며, 형평(equity)과 균등(equality) 등의 개념은 분배공정성 기준의 한 형태라 하겠다.

희소자원 및 보상의 배분에 대하여 불평등과 공정성 이슈는 오랫동안 여러 학자들의 공통적인 관심주제였다. 그러나 이들은 다소 다른 방향에서 접근하는 차이를 나타냈다. 즉 불평등 문제에 대한 본격적인 연구는 Marx로부터 시작되었으나, 공정성 문제에 대한 개념화는 Aristotle까지 거슬러 올라간다. 두 사상가 간의 인식론적 및 존재론적인 차이가 반영해 주듯 불평등 문제는 거시적, 사회 구조적 맥락에서 이해되어 왔으며, 공정성 문제는 주로 미시적, 사회 심리적 관점에서 연구되어 왔다. 불평등 연구는 주로 전체주의(holism)에 근거하고 있는 반면, 공정성 연구는 방법론적 개인주의(methodological individualism)에 그 근간을 두고 있다. 이러한 차이에도 불구하고 불평등 구조는 공정성 연구에 전제가 되는 법적 혹은 제도적 맥락을 한정해 주고 있는 반면, 개인의 차원에서 관찰되는 공정성의 기준들은 불평등 연구에 기본 방향을 설정해 준다. 또한 객관적 불평등도 광의로서의 공정성의 한 기준 또는 원칙으로 작용할 수 있으며, 또한 공정성 지각이 불평등 구조의 정당성을 결정할 수 있는 핵심요소라는 점에서 볼 때는 이 두 문제를 통합하여 경험적으로 연구할 수 있는 여지가 크다.[1]

Marx와 같은 사람들에게 있어서 불공정성은 인간이 평등하게 태어

---

1) 석현호, 한국사회의 불평등과 공정성, 1997, p.23.

났음에도 불구하고 불평등하게 취급되는 데서 기인하는 것인 반면, Aristotle와 같은 공정주의자들은 오히려 불평등한 사람들을 동등하게 대우하는 것을 불공정하다고 본다. 즉, 평등주의자들은 어떤 차이에 근거한 차별대우의 정당성을 부정하는 반면에 공정주의자들은 합당한 차이에 근거한 차별대우는 공정한 것이고, 정당한 차이가 없는 차별대우만을 불공정하다고 생각한다.

한편 개인심리학적인 공정성 측면에서 보면 보편적 규칙의 존재여부 및 그러한 규칙들 간의 관계보다는 일단 정해진 규칙들이 어떻게 적용되는지와 그 과정에서의 사람들의 인식 및 반응의 차이에 관심을 둔다. 따라서 개인심리학자 등의 입장에서 보면 공정성 문제는 정해진 기준들이 적절하게 지켜지고 있는지와 그에 대한 주관적 해석의 문제가 된다. 그들이 어떤 공정성 원칙에 기반을 두고 이 문제에 접근하는지에 따라 분배공정성 연구와 절차공정성 연구로 대별될 수 있다.

초기의 공정성 연구는 Homans[2]와 Adams[3]에 의하여 시작되었으며, 분배공정성에 관련된 연구였다. Homans의 분배정의 이론(distributive justice theory)은 구성원들이 중시하는 제한된 자원의 분배를 어떻게 실행해야 공정한가에 대한 심리학적 연구관점을 부각시켰다. 그 후 Adams는 공정성 이론(equity theory)에서 형평을 직접적 교환관계에 있는 사람들 간의 투입 대비 산출의 비율 차로 개념화하였다.

공정성 연구는 70년대 중반에 들어서면서 일단의 조직 심리학자들에 의해 분배의 절차문제를 중시하고 조직의 맥락에서 이해하려는 노

---

2) G.C. Homans, *Social Behavior: Its Elementary Forms*, New York: Harcourt, Brace & World, 1961, pp.1-10.
3) J.S. Adams, Inequity in Social Exchange. in L. Berkowitz ed., Advances in *Experimental Social Psychology*, vol.2, New York: Academic Press, 1965, pp.267-299.

력이 시작되었다. 이러한 절차문제에 대한 연구관심이 뒤늦게 출현된 이유로는 먼저, 사람들에게 분배결과가 가장 직접적이고 최종산물이기 때문에 분배공정성이 우선적으로 연구되었고, 분배공정성 개념 내에 어느 정도 절차공정성의 의미가 포함되어 있다고 볼 수 있다. 즉 공정성 이론에서 투입 대 보상비율을 고려할 때 광의의 투입개념에 절차가 고려되었을 수 있다는 확대해석이 가능하다[4].

분배의 절차적 문제에 관한 연구가 진행되면서부터 많은 연구가 분배의 차이가 분명하더라도 사람들은 그 차이를 결정하는 개인들 간의 투입 대비 산출의 정도를 객관적으로 비교하는 것이 불가능하게 되어 분배공정성 개념의 그 적절성을 상실하게 되었고, 차라리 결과의 공정한 배분보다는 결과를 성취하는 데 사용된 수단들이나 절차가 자신에게 공정하게 적용되었는가에서 공정성의 기준을 발견하려는 노력이 점차 부각되었다.

(1) 공정성에 대한 거시적 관점

사회적 불평등에 대한 연구가 진행되었지만 무엇이 과연 공정하고 무엇이 불공정한지에 대한 개념화 문제는 연구의 출발점이며 결론짓기 어려운 이슈이다. 즉, 왜 어떤 수준, 어떤 형태의 사회적 불평등은 수용될 수 있으나, 어떤 것은 수용될 수 없다고 판단하는가 또는 합당하거나 합당하지 않다고 판단되는가가 그러한 문제들이다. 이것은 공정하고 저것은 불공정하다고 하는 것은 도덕적 감정에 의한 가치판단이며, 이러한 감정을 어떻게 설명하고 정당화할 수 있느냐가 정의

---

4) 김명언·이현정, 조직공정성: 평가기준과 지각된 공정성, 직무만족, 조직몰입, 봉급만족과의 관계, 한국심리학회지, 6권 2호, 1992, p.11-28.

문제의 출발인 것이다.

이러한 문제에 대한 관점은 다음과 같이 보편주의 관점, 상대주의 관점, 상호작용주의 관점으로 나누어 볼 수 있다.

보편주의 관점(universal perspective)은 모든 사람들은 그들이 처한 사회적 상황이나 특성에 관계없이, 주어진 상황의 공정성 여부에 대해서도 동일한 도덕적 결론에 도달하게 된다는 것이다. 따라서 이러한 점에서는 공정성에 대한 느낌이 인간본성에서 발견된다고 가정한다. 상대주의 관점(relative perspective)은 공정성에 대한 개념화 문제는 전적으로 상황에 의존한다고 보는 관점이다. 이 관점은 고대 이래로 많은 철학자들이 옹호해 오고 있으며, 사회학을 통해 더욱 발전해 왔다. 다시 말해서 가치나 판단은 특정한 사회적 상황을 떠나서는 이해될 수 없다는 주장이며, 진리와 아름다움, 선이라는 것은 사회적 결정의 산물에 불과하다는 것이다. 이러한 관점에서의 연구는 Marx나 Durkeim에 의해 더욱 발전되었으며, 공정성의 감정은 문화적 임의성, 사회화 과정을 통해 형성된다고 주장되고 있다. 그리고 상호작용주의 관점(interaction perspective)은 보편주의와 상대주의를 넘어선 개념으로서, 어떤 행위자가 정의롭다고 주장할 때 그 원인을 확인해 봄으로써 이해된다는 관점이다. 즉 행위자가 위치한 사회적 상호작용 시스템의 구조를 파악해 봄으로써 정의 감정을 예측 또는 추론할 수 있다는 것이다. 다시 말하면 상호작용 시스템의 구조를 파악함으로써 어떤 상황의 사람의 정의 감정을 사전에 알 수 있다. 이러한 관점에서는 각 집단이나 조직에 따라 의견의 다양성을 피할 수 없기 때문에 정의 문제에 있어서 때로는 정치적 토론 방법에 의해서만 해결될 수 있다고 본다.

(2) 거시적 공정성 이론의 발전

공정성 이론의 실체를 구체적으로 제시한 최초의 사람은 Aristotle이
다. 그는 공정성을 하나의 특수한 도덕률이고, 그 실체가 곧 경제적 평
등임을 주장하면서 이를 위한 공정성을 분배공정성(distributive justice)
과 교정공정성(corrective justice)으로 구분하였고, 개인들의 능력에 의
거하여 균형적으로 분배된 결과로 심각한 불균형이 초래된 부분에 대
해서는 국가가 관여하여 수정 분배하는 것이 공정하다고 보았다[5].
Aristotle 이후의 정의에 관한 이론은 평등주의적 이론, 자유주의적 이
론, 공리주의적 이론으로 크게 나눌 수 있다.

평등주의(equalitarianism) 이론에서는 모든 사람이 기본적으로 동등
한 권리를 갖고 세상에 태어났다는 사실을 강조한다. 그러나 이 이론
은 개인의 정당한 권리조차 경시하는 데서 문제가 발생한다. 즉 평등
성의 요구가 필연적으로 개인의 권리를 침해할 수밖에 없다.

자유주의(liberalization) 이론에서는 개인의 권리나 자유가 다른 어
떤 것에도 우선한다고 본다. Locke, Montesquieu Kant, Smith 등에 의
해 지지된 이론으로 절차상의 형식적인 정당성만을 강조한 나머지 분
배의 실질적인 측면을 무시하고 있다.

공리주의(utilitarianism) 이론에서는 한 사회의 주요 제도가 그에 속
하는 모든 개인을 최대로 만족시킬 수 있게 편성될 경우 그 사회는
정당한 질서를 갖추었고 정의롭다고 보았다. 선(goodness)과 행복은
같은 것이며, 사회 전체 후생의 증감에 입각한 공리의 원칙(principles
of utility)이 유일한 도덕적 기준이 된다. 이는 다시 쾌락주의, 다원공

---

5) J. Rawls, *A Theory of Justice*, Boston: Belknap Press, Harvard of Univ.,1971,
   pp.183-188.

리주의, 행위공리주의, 규칙공리주의, 전체공리주의, 평균공리주의 등으로 다양하게 분화되었으나, 고전공리주의의 두 가지 공통된 원리는 최대만족의 원리와 최대다수의 원리(최대균등 원리)라고 할 수 있다.

Rawls의 공정성 이론으로 대표되는 것으로 루소, 칸트 등의 계약이론을 일반화하고 이를 보다 높은 수준으로 이끌려는 시도로서 고전적 사회계약 이론의 고찰이라 할 수 있다6). Rawls는 자신이 제시한 정의관의 요체가 '공정성으로서의 정의(justice as fairness)'에 있다고 설명하고, 이를 위해서는 그의 원초적 상황(original position)을 상정한다. 그는 정의의 두 가지 원칙을 제시하고 이들의 상호관계를 논하고 있다. 제1원칙은 자유의 원칙이고, 제2원칙은 사회적, 경제적 불평등은 차등 원칙과 기회균등 원칙을 모두 충족시킬 수 있을 때만 정당성을 인정받을 수 있다고 한다. 차등 원칙(difference principle)은 사회적, 경제적 불평등은 가장 불리한 여건에 처해 있는 사람, 즉 최소 수혜자의 혜택을 개선할 수 있는 경우에만 허용된다는 것이다. 기회균등의 원칙은 모든 사람에게 공정하게 직위와 직책이 개방, 공개되어야 한다는 것이다. 원칙 간의 우선순위는 자유의 원칙, 기회균등의 원칙, 차등의 원칙이라고 하였다.

Nozick은 Rawls를 비롯하여 그 이전의 정형화된 정의관을 비판하면서 국가의 기능을 강압, 절도, 사기로부터의 보호, 계약집행 등에 관여하는 최소국가로 국한하여, 국가에 의한 재분배를 부인하는 입장에서 소유권리 정의 이론(the entitlement theory of justice)을 제시하고 있다.

---

6) 황경식 역, 사회정의론, 서광사, 1990, pp.15-30.

2. 미시적 접근으로서의 조직공정성

조직차원의 공정성 이론은 주로 심리학자들에 의해 발달되었다. 이들은 정의를 객관적 실체가 아닌 한 개인의 심리적 과정이 능동적으로 개입되어 구성되는 심리적 구성체로 보았다. 이들은 정의라는 표현보다는 공정성(fairness), 형평성(equity) 등의 표현을 사용하였다. Homans[7]가 처음으로 거시적 공정성 이론에서 사용되던 분배공정성(distributive justice)이라는 용어를 미시적인 수준으로 끌어내렸다. 초기의 공정성 이론들은 특정한 조직이 아니라 일반적인 사회적 상호작용에서의 정의 원칙(justice principle)을 검증하기 위해 생겨난 것이다.

최근에는 조직기능과 직접적으로 관련된 변수와 이슈에 보다 적합한 연구가 수행되고, 1980년대 후반에는 조직공정성(organizational justice)이라는 주제로 본격적으로 다루어지기 시작하였다. 공정성 연구자들의 중요한 관심 중의 하나는 사람들이 적절하다고 생각하는 보상을 받지 못했을 때 어떤 형태의 대응형태를 보일 것인가 하는 것이었다. 그리고 두 가지 공정성 개념을 고려하였는데, 하나는 분배공정성(distributive justice)의 개념을 가지고 공정하게 대우받는 것이 무엇인가를 설명하려고 하였고, 또 하나는 절차공정성(procedural justice)으로서 무엇이 결정되었는가보다 어떻게 결정되었는가에 관심의 초점이 변화하였다. 이러한 미시적 정의 이론인 조직공정성 이론은 분배공정성과 절차공정성의 두 개념으로 구분된다고 볼 수 있을 것이다.

---

7) G.C. Homans, 앞의 책, 1961, p.9.

(1) 분배공정성 이론

조직공정성 이론으로서 분배공정성 이론이 본격적으로 연구되기 시작한 것은 Adams가 형평이론을 제시한 이후이다. 그는 Homans의 분배정의 연구, Stouffer의 상대적 박탈감 연구, Festinger의 사회비교 이론과 인지부조화 이론 등 기존 연구결과들의 토대 위에서 형평이론을 제시하였다. 이 이론은 사람들이 산출과 투입의 비율을 다른 사람의 그것과 비교한다는 사실을 주장한다. 투입과 산출의 비율이 다를 때는 불균형을 지각하게 되고, 그러면 개인은 형평을 이루려 하거나 불균형을 줄이려는 동기를 갖게 될 것이고, 그 동기의 강도는 지각된 불균형의 정도에 직접 비례할 것이라고 보았다. 비율이 같을 때는 형평상태(equity state)가 되고 만족하게 된다. 사람들은 보다 만족한 상태로 변화시키기 위해서 자신이나 타인의 투입과 산출을 실질적, 인지적으로 수정한다. 이러한 대응형태는 행동적(예: 직무성과의 변경)일수도 있고, 심리적(예: 작업결과의 인식)일 수도 있다. 형평이론은 네가지 상이한 보수불균형 상황에서 직무수행의 변화에 대한 예측을 하였다. 즉 과소 지급, 과다 지급, 시간급, 능률급에 따라 반응이 다를 것이라는 점을 강조하였다.

개인의 불균형을 감소시키거나 회피하기 위한 방법으로 Adams는 ① 자신의 투입을 변경하려는 노력, ② 산출을 변경하려는 노력, ③ 투입과 산출을 인지적으로 왜곡하는 방법, ④ 이직이나 결근, 전근 등의 방법으로 현장을 떠나는 것, ⑤ 타인의 투입, 산출에 대해 영향을 미치려는 노력, ⑥ 자신의 준거대상을 변경하는 방법을 들고 있다. Adams는 이러한 모든 유형의 방법이 행동적으로나 인지적으로 개인들에게 모두 활용 가능하지는 않다는 것도 지적하였다. 그는 개인들이 어떤 방법을 선택하게 될지에 대한 조건으로 다음과 같이 언급하고 있다. 즉, 개인은 ① 산출을 최대화하려고 하고, ② 힘들고 희생이 큰 투입의 증대를 최소화하려 하고, ③ 자아상과 자존심에 중심이 되는 투입의 실질적 혹은 인지적 변화를 억제하고, ④ 다른 사람의 투입과 산출에 대한 인지적 변화보다 자신의 투입과 산출에 대한 인지적 변화를 더 억제하고, ⑤ 현장 이탈은 불균형 정도가 크고, 다른 방법이 없을 때만 채택하고, ⑥ 가능한 한 비교대상을 바꾸지 않으려 한다는 것이다.

Walster과 동료들은[8] Adams의 이론을 일부 수정하였는데, Adams의 기본명제를 네 가지로 수정하였고, 인간은 자신이 불공정한 관계에 처하게 되면 심리적 긴장을 하게 되고, 불균형이 클수록 더 큰 긴장을 하게 되며, 과소 지급의 경우는 분노를 느끼게 되며, 반대로 과다 지급을 인식한 경우는 죄책감을 느낀다는 것이다. 그들은 개인의 이익 극대화, 형평원칙의 근원으로서의 사회에 대한 강조, 다양한 관계들에서의 불균형에 대한 반응의 강조 등을 결합한 논리적으로 연관된 명제를 발전시키고자 노력하였다.

한편으로 Fisek와 동료들은[9] 기존의 Homans를 비롯한 교환이론 관점의 결함을 개인들 간의 국지적인 비교만을 강조하고 사회적 기준을 고려하지 못했다는 점으로 지적하고, 지위-가치 이론을 제안하였다. 이들은 준거구조(reference structure)라는 개념을 도입하였는데, 즉 어

---

8) E. Walster, B. Ellen, & W. George, *Equity: Theory and Research*, Boston: Allyn and Bacon, 1978, pp.15-20.
9) H. Fisek, R.G. Norman, & D.G. Wagner, The Formation of Reward Expectations in Status Situations, in *Equity Theory: Toward a General Theory of Social Interaction*, eds., D.M. Messick, & K.S. Cook, New York: Praeger, 1986. pp.256-267.

떤 범주의 사회적 지위와 그들이 사회로부터 받고 있는 지위에 대한 보상에 관련해서 일반 사람들이 규범적으로 가지고 있는 믿음이 있는데, 이러한 믿음이 바로 비교의 준거로 작용한다는 것이다.

그리고 Lerner[10]는 형평원칙만이 유일한 분배원칙이 아님을 주장하고, 세 가지의 분배원칙을 제시하였는데, 형평, 균등, 필요원칙이 그것이다. 그는 모든 상황에 맞는 단 하나의 원칙은 없으며, 사회구성원들이 서로를 어떤 관계로 지각하느냐에 따라 분배원칙이 다르게 작용할 수밖에 없다고 주장하였다. 즉, 자신을 타인과 동일시하는 관계로 지각할 때는 필요원칙이 타당하게 되며, 협동의 관계를 지각하면 균등원칙이, 경쟁관계로 지각하게 되면 형평원칙이 분배원칙으로서 작용한다는 것이다. 이러한 연구는 계속되어 Swinger[11]는 필요법칙이 아주 친밀한 관계를 가진 집단에서 강요되는 분배법칙이라고 하였다. 한편 생산성을 중요시하는 상황에서는 형평법칙이 선호되고, 팀워크나 구성원의 원만한 관계가 중시될 때는 균등법칙이 선호기준이 된다고 한다[12]. 또한 투입요소의 특성을 변화가능성에 따라 양분하여 변화 불가능한 투입요소인 성, 학력, 직종 등에 있어서 차별을 두지 않고 똑같이 분배하는 것을 균등규칙이라 하고, 변화 가능한 요소인 기여도, 노력 등을 고려하여 차등 분배하는 것을 형평규칙으로 보는 견해도 있다[13].

10) M.J. Lerner, The Justice Motive in Human Relations and the Economic Model of Man: A Radical Analysis of Facts and Fictions, in *Cooperation and Helping Behavior: Theory and Research*, New York Academic Press, 1982, pp.78-82.
11) T. Swinger, Just Allocation of Goods: Decisions among Three Principles, *Justice and Social Interactions*, New York: Spring, 1980, pp.95-125.
12) M. Deutsch, Equity and Need: What Determines which Value will be Used as the Basis for Distributive Justice:, *Journal of Social Issues*, vol.331, no.3, 1975, pp.137-149.
13) 김명언, 이현정, 앞의 책, 1992, pp.11-28.

Leventhal[14]은 공정성 판단모형을 제시하면서 사람들이 사전적으로 상이한 정의 규칙(justice norm)을 채택하는 상황에 대해 연구하였다. 예를 들면 사회적 조화를 유지하기 위해서는 균등배분의 원칙을 채택함에 의해서 증진될 수 있으며, 성과의 극대화는 균형적 배분, 즉 성과에 비례한 분배에 의해 촉진되고, 또한 사회복지를 목표로 할 때는 필요에 의한 분배규칙을 선택하는 경향이 있다는 사실을 밝히고 있다. 이러한 연구들은 문화적, 상황적, 인간관계 및 개인적 요인들이 특정 분배규칙에 대한 선호에 영향을 주는 것으로 밝혀졌다. Leung & Bond[15]는 이러한 공정성 원칙에 대한 선호가 국가나 문화에 따라 다르게 나타난다고 하였다. 이들의 연구에 의하면 동양과 같이 집단주의 사회에서는 평등주의나 필요에 의한 자원분배를, 서구의 개인주의 사회에서는 형평에 의한 자원분배를 더 공정하다고 지각한다는 것이다.

(2) 절차공정성 이론

조직상황하에서의 공정성 연구는 분배공정성만으로 모든 것을 완벽하게 설명하는 데 한계에 직면하였다. 그 이유는 이전의 이론들이 모두가 불균형에 대한 대응행동을 구체적으로 제시하지 못했기 때문이다[16]. 조직공정성에 대한 새로운 관심이 대두되기 시작하였으며, 의사결정이 이루어지기까지의 절차와 규칙에 대한 관심이 증가하기 시작하였다.

---

14) G.S. Leventhal, Fairness in Cocial Relations, in *Contemporary Topic in Social Psychology*, New Jersey: General Learning Process, 1976, pp.211-239.
15) K.K. Leung, & B. Michael, The Impact of Cultural Collectivism or Reward Allocation, *Journal of Personality and Social Psychology*, vol.4, 1984, pp.793-804.
16) J. Greenberg, Organizational Justice: Yesterday, Today, and Tomorrow, *Journal of Management*, vol.16, 1990, pp.399-432.

절차공정성 이론의 개발은 Thibaut & Walker[17])에 의한 분쟁해결 과정에 대한 반응연구로부터 시작되었다고 할 수 있는데, 이들은 두 가지 통제유형에 의한 가상의 분쟁해결 절차에 대한 반응을 비교하였고, 과정통제(process control)로서는 증거를 제시하고 변론을 벌이는 동안 행사할 수 있는 통제를 의미하며, 결정통제(decision control)로서는 결과의 판정에 영향을 미칠 수 있는 통제를 의미한다. 최종적 결정과 관련해서 과정통제는 간접적인 영향력 행사와 관련되어 있는 반면, 결정통제는 직접적인 영향력 행사와 관련되어 있다고 볼 수 있다. 연구결과는 재판진행 과정에 당사자들이 통제력을 갖는 절차를 더 공정하다고 생각한다는 것이다. 이후 과정통제가 공정성 지각에 미치는 영향, 갈등문제에 직면한 당사자들의 반응에 절차와 결과가 미치는 영향[18]), 선호하는 절차가 갈등 정도에 따라 달라지는지 등에 관한 연구들이 계속 이어졌고, 사람들이 결정결과보다 과정에 대한 통제를 더 중시한다는 결과를 보이고 있다. Sheppard[19])는 과정단계와 결정단계의 두 구분을 네 단계로 세분화하기도 하였다.

Leung[20])은 문화에 따라서 선호하는 절차가 달라질 수 있음을 연구하였는데, 즉 개인주의 가치가 팽배한 서양은 중재재판 절차가 선호되고, 집단주의와 화합 등의 가치를 갖는 동양은 조금씩 양보하는 조

17) J. Thibaut, & K. Walker, *Procedural Justice: A Psychology Analysis*, Hillsdale, NJ: Erlbaum, 1975, pp.45-67.
18) E.A. Lind, & T. Tyler, *The Social Psychology of Procedural Justice*, New York: Plenum, 1988, 267-278.
19) B.H. Sheppard, Third-party conflict intervention: A procedural framework, in Straw & Cummings, eds., *Research in Organizational Behavior,* Greenwich, CT, vol.6, 1984, pp. 141-190.
20) K. Leung, & E.A. Lind, Procedural Justice and Culture: Effects of Culture, Gender, and Investigator Status on Procedural Preference, *Journal of Personality and Social Psychology*, vol.50, 1986, pp.1134-1140.

정절차가 선호된다고 밝혔다.

Leventhal[21]은 결과나 과정에 대한 선호는 분쟁 당사자들의 지배적인 동기구조에 따라 다를 수 있다고 하였다. 즉 과정에 상관없이 결과만 유리하면 된다고 믿는 사람들은 결정통제를 선호하는 반면, 결과야 어떻든 결정 과정의 공정한 규칙을 중요시하는 사람들은 과정통제에 더 의미를 둔다고 하였다. 그는 이후에 절차의 평가는 결과 자체의 공정성 지각에 결정적인 영향을 미친다고 주장하였으며, 분배의 결과보다 절차가 더 중요할 수 있음을 강조하였다. 또한 그는 공정한 절차는 산출과 독립적일 수도 있으며, 개인들은 주어진 상황에서 그들이 바라는 목적을 성취할 가능성이 높은 절차나 규칙을 선호한다는 배분선호 이론을 제안하였다. 그러한 절차나 규칙을 결정하는 요인으로는 ① 절차가 사람과 시간에 대해서 일관성이 있는가(consistency), ② 절차가 편견으로부터 독립적인가(bias-suppression), ③ 절차가 정확한 정보에 기초하는가(accuracy), ④ 절차가 잘못된 결정을 수정할 기회를 허용하는가(correct-ability), ⑤ 절차가 관련된 모든 사람의 관심을 고려하고 있는가(representative), ⑥ 절차가 사회의 공유된 윤리기준에 부합하는가(ethicality) 하는 것이다.

Greenberg[22]는 인사고과의 공정성에 영향을 미치는 요인을 연구하였는데, 기업들의 중간관리자들에게 인사고과가 특별히 공정했던 경우와 불공정했던 경우를 생각하게 하고 요인분류를 하여 일곱 개의 공정성 요인을 발견하였다. 다섯 가지는 절차공정성에 관련되고, 두 가

---

21) G.S. Leventhal, Fairness in Social Relations, in *Contemporary Topic in Social Psychology*, New Jersey: General Learning Process, 1976, pp.211-239.

22) J. Greenberg, J., Determinants of Perceived Fairness of Performance Evaluations, *Journal of Applied Psychology*, vol.71, 1986, pp.340-342.

지는 분배공정성에 관련되어 있다. 절차공정성 요인들은 평가 전의 의견개진, 면접 중의 쌍방향 의사소통, 평가에 대한 반박수용성, 피평가자의 업무에 대한 평가자의 사전 인지도, 표준의 일관된 적용이고, 분배공정성 요인들은 성과에 기초한 평가, 평가에 기초한 임금 및 승진의 추천이었다. Alexander & Ruderman[23]은 공정성 판단과 관련된 20개의 항목들을 요인분석 결과 세 가지의 절차공정성 요인 즉, 참여, 업적평가공정성, 이의제기와 세 가지의 분배공정성 요인 즉, 임금공정성, 승진-성과 관련성, 낮은 성과의 요인 등으로 분류하였으며, 여섯 개의 결과변수와의 관련성을 조사하였다. 그중 직무만족, 감독자 평가, 갈등과 조화, 경영자에 대한 신뢰, 긴장과 스트레스의 다섯 가지는 절차공정성에 의해 영향을 받고 있으나, 이직 의사만은 분배공정성에 의해 강하게 영향을 받는다는 사실을 주장하였다.

김명언과 이현정[24]은 주요 사례조사에 의해 일곱 개의 공정성 평가 기준을 탐색하였는데, 두 개는 분배공정성 기준으로 형평과 균등, 다섯 개는 절차공정성 기준으로 상사의 편파억제, 객관성, 일관성, 참여, 윤리성이라고 하였다. Tyler[25]는 절차공정성의 세 측면을 제시하였는데 중립성(neutrality), 신뢰성(trust), 지위(standing, respect)가 그것이고, 분배공정성은 산출수준, 기대위반, 상대적 산출과 관련된 윤리성과 통제성을 제시하였다.

23) S. Alexander, & M. Ruderman, The Role of Procedural and Distributive Justice in Organizational Behavior, *Social Justice Research*, vol.1 1987, pp.177-198.
24) 김명언, 이현정, 앞의 글, pp.11-28.
25) T.R. Tyler, The psycholgy of procedural justice: A Test of Group Value Model, *Journal of Personality and Social Psychology*, vol.57, 1989, pp.830-838.

(3) 절차공정성 효과의 두 관점

Lind & Tyler[26)]는 의사결정을 하는 데 투입을 제공하는 절차가 그렇지 않은 절차보다 공정하게 인식되는 이유 즉, 절차공정성 효과가 발생하는 이유를 설명하기 위하여 두 모델을 제시하였는데 그 하나는 개인이익모델(Self-Interest Model, SIM)이고, 하나는 집단가치모델(Group Value Model, GVM)이라는 명칭으로 구분하였다. 그 후 더 포괄적인 의미를 띤 도구적 접근(instrumental approach)과 관계적 접근(relational approach)이라는 명칭으로 정리하였다. 이 두 모델에 대해 간략하게 정리하면 다음과 같다.

가. 개인이익모델

이 모델을 대표하는 이론인 Thibaut & Walker(1975, 1978)의 절차공정성에 대한 연구는 개인에 대한 이기적 개념에 기초하고 있다. 사람들은 다른 사람들과 상호 작용할 때 개인적 이익을 극대화하기 위하여 노력한다는 생각이 전제되고 있다. 사회적 상호작용을 통한 제약에도 불구하고 사람들이 집단에 참여하려는 것은 장기적으로 혼자 얻을 수 있는 것보다 협동을 통하여 더 많은 것을 얻는다는 믿음에 근거하고 있다는 것이다. 사람들이 장기적으로 이득을 얻을 것을 어떻게 확신하는가, 그것은 결정이 만들어지는 절차에 있어서의 공정성을 요구하는 것이다. 절차가 공정하다면 단기적 이익은 없더라도 장기적 이익을 기대할 수 있다. 즉 정기적으로 제도에 의해서 그들 이익이 보장되리라고 믿는다. 다시 말해 조직에 참여하고 사회적 관계

---

26) E.A. Lind, & T. Tyler, *The Social Psychology of Procedural Justice*, New York: Plenum, 1988, pp.267-278.

를 선호하는 것은 공정한 제도나 장치 속에서 장기적 이익을 기대하기 때문이다. 궁극적으로는 결과(분배공정성)에 대한 관심 때문에 절차공정성에 관심을 갖는 것이다. 절차와 제도에 대한 지지 또는 결정절차가 공정하다는 믿음은 결과적으로 조직에 대한 충성심과 호의적 감정을 촉진시킨다. 인간관계나 집단 소속감에 대한 장기적 견해는 결국 절차에 초점을 두게 되면, 이러한 절차공정성에 대한 지각은 개인적 만족에 영향을 미치기보다는 리더십이나 제도평가에 더욱 강하게 영향을 미친다. 한편 조직 내의 장기적인 관계에 있어 상충현상(trade-off)이 나타나게 되는데, 이는 단기적인 능률성과 생산성을 높인다고 생각되는 보상문제에 있어서의 형평(equity)과, 집단조화와 집단에 대한 몰입을 높인다고 생각되는 보상분배에 있어서의 균등(equality) 사이에서 발생한다고 생각되어 왔다[27]. 집단조화와 갈등을 줄이고자 하는 의도는 궁극적으로 절차공정성에 관심을 갖게 되며, 이는 절차공정성에 대한 관심이 장기적 개인이익 추구관점과 일치하게 된다는 것이다. 결과적으로 개인이익모델은 목적달성을 위한 절차의 수단적 의미를 강조하는 것이며, 다시 말해 행위자 개인의 이익추구를 위한 수단으로 절차를 중시한다는 것이다.

나. 집단가치모델

집단 내의 개인들은 자신의 개인적 이익을 제쳐두고 모든 집단 구성원들을 도와주는 방식으로 행동하려는 경향이 있다. 그리고 자기이익을 넘어서서 또는 자기이익과 관계없이 집단 일체화(identification)

---

27) M. Deutsch, M., Equity and Need: What Determines which Value will be Used as the Basis for Distributive Justice:, *Journal of Social Issues*, vol.331, no.3, 1979, pp.137-149.

가 행위에 영향을 미치는 것이다. 이 모델은 그룹멤버십과 관련된 가치의 효과에 특별히 주목하고 있다.

집단, 조직, 사회와 관련된 사고와 행동을 지배하는 중요한 두 가지 요소는 집단정체성(group identity)과 집단절차(group procedure)이다. 절차가 집단이나 개인의 기본적 가치와 일치할 때는 절차공정성을 느끼게 된다. 이러한 기본적 가치의 상당한 부분은 사회화(socialization)의 결과이다. 사회화에 의해 조직의 규칙에 대해 순종하게 된다. 사회화는 어떤 목표를 집단 구성원들이 가치 있다고 보는지를 결정하게 만드는 중요한 요인이다. Leung[28]의 연구에서는 절차적 선호(procedural preferences)가 문화에 따라 차이가 있다고 밝히고 있다.

Greenberg & Tyler의 연구[29]에 의하면 사회화 효과에 대한 증거로 첫째, 공정하다고 생각되는 절차에 속한 사람들은 그 절차가 나쁜 결과 또는 불공정한 결과를 가져온다 하더라도 절차의 공정성에 대한 평가를 변화시키지 않는다, 둘째로는 절차공정성의 의미에 대한 평가는 동일한 문화에 있는 구성원들 사이에는 일관성이 있다는 점이라고 밝히고 있다.

집단가치모델은 초기 공정성 연구자들의 발언효과(voice) 즉, 과정통제가 자신에게 유리한 결과를 가져올 가능성이 있음을 전제하지도 않는다. 지위나 결속, 권한관계, 한정된 집단 멤버십 등이 오히려 강조된다. 절차공정성에 대한 판단은 집단의 절차가 보편적 가치와 집단 또는 개인의 특정한 가치에 얼마나 일치하는가에 달려 있다. Tyler

---

28) K. Leung, & W.K. Lee, Psychological Mechanism of Process Control Effects, *Journal of Applied Psychology,* vol.75, no.6, 1990, pp.613-620.

29) J. Greenberg, & T.R. Tyler, Why Procedural Justice in Organizations?, *Social Justice Research*, vol.1, 1987, pp.127-142.

는 절차가 공정하다고 판단하게 되는 중요한 요인으로 지위, 중립성, 신뢰를 제시하였는데, 이 세 가지 요인 모두가 분배공정성 및 절차공정성과 관계가 있다고 주장하고 있다. 이러한 측면에서 볼 때 절차공정성 즉 절차에 대한 평가는 조직몰입과 같은 집단관련 태도에 강한 영향을 미칠 것으로 보인다.

다. 두 모델의 비교

Tyler에 의하면 개인이익모델에서 볼 때 사람들은 궁극적으로 결과에 관심이 있기 때문에 과정에 대해 통제하려고 한다고 밝히고 있다. 그러한 통제가 보다 유리한 결과를 가져올 것이라는 믿음에 기초한다고 하였다.

집단가치모델에 의하면 사람들은 집단 또는 조직과의 장기적인 관계를 중요시하며, 인간관계, 지위, 응집력을 촉진하는 절차를 가치 있게 보려고 한다는 것이다. 사람들은 의견을 표현하는 것을 중요시하는 것은 통제보다는 집단 내 관계를 촉진시키기 위해서이다. 중립적인 의사결정 절차를 통하여 공정한 이익을 얻을 수 있기를 바란다. 조직 책임자로부터 존경과 공손한 대우를 받을 만한 가치 있는 존재라는 것을 보여주기를 바란다.

어찌 보면 Maslow의 경제적 이익욕구와 개인이익모델의 가정이 유사하고, 사회적인 욕구와 집단가치모델의 가정이 유사하게도 보인다. 그러나 개인이나 집단목표의 다양성과 주관성 등의 상황적 특성 때문에 개인이익모델과 집단가치모델은 어느 것도 독자적으로 공정성에 충분한 예측을 지니고 있다고 할 수 없다.

개인이익모델로서 Greenberg[30]는 불공정한 절차로부터 적은 결과를 얻을 때에는 그 자체로 불공정하지만, 결과가 좋으면 절차공정성에 관계없이 공정하다고 인식한다고 하였다. 또한 적은 결과는 불공정한 절차에 대한 관심을 불러일으키며, 보상분배 연구[31]에서도 결과가 긍정적이면 절차는 수용된다고 하였다.

그러나 최근의 연구들은 대부분 집단가치모델과 일치하는 듯하다. 과정통제에 대한 절차공정성의 제고는 결과와는 독립적이라는 것이다.[32] 또한 집단 의사결정 연구에서 결정의 공정성은 자기 자신에게 얼마나 유리한가보다는 결정이 모든 집단 구성원의 이익을 얼마나 대변했는가와 보다 강하게 관련되어 있는 것으로 나타났다. 즉 공정성에 대한 관심은 개인이익보다는 집단 멤버십과 보다 더 관련이 있다는 것이다. 향후에 보다 연구가 진행되어야 할 부분이다. 한편 이와는 달리 분배공정성과 절차공정성이 동시에 관련될 때 사람들이 이들 상호간에 어떻게 인식되고 대응하는지가 또한 중요한 과제라고 생각된다.

3. 분배공정성과 절차공정성의 관련성

분배는 공정하지만 절차가 불공정하다고 인식되었을 때 사람들은 종합적인 공정성 판단을 어떻게 내릴 것인가 하는 것에 대한 연구 또한 중요한 의미를 가진다. 즉 분배가 만족스러우면 절차의 공정성 여부는

30) J. Greenberg, The Distributive Justice of Organizational Performance Appraisals, in Bierhoff, Cohen, & Greenberg, eds., *Justice in Social Relations*, New York: Plenum Press, 1986, pp.337-352.

31) J. Greenberg, Reactions to Procedural Injustice in Payment Distributions: Do the Means Justify the Ends? *Journal of Applied Psychology*, vol.72, 1987, pp.55-71.

32) E.A. Lind, & T. Tyler, *The Social Psychology of Procedural Justice*, New York: Plenum, 1988, p.278.

무시하는가, 아니면 절차가 공정했다고 정당화를 시도할 것인가 또는 분배공정성을 감소시키려 할 것인가 등의 여러 가능한 경우를 검증해 볼 필요가 있다. Greenberg는 결과가 불만족스러울 때가 만족스러울 때보다 절차에 대해 생각하게 된다고 주장하였다. 그러나 Tyler는 공정한 절차는 결과와 독립적이라고 주장하였다.

Folger[33]의 준거인지 이론(reference cognition theory)은 분배공정성과 절차공정성 개념을 통합해 주는 접근법으로서 제시되었다. 이에 따르면 '사람들은 만약 의사결정자가 채택했어야 할 다른 절차를 사용했다면 얻었을 수 있는' 산출의 대안적 지각에 따라 반응한다는 것이다. Cropanzano & Folger[34]는 준거인지 이론이 절차공정성과 분배공정성의 상호작용 효과에 대한 강력한 개념적 틀을 제공해 준다고 하였다. 이 이론은 공정성 이론의 시도를 확장하였으며, 반응의 두 가지 유형을 구분하였다. 즉 결과를 얻기 위해 사용될 수도 있었던 절차에 대한 신념으로부터 나오는 분노반응(resentment reaction)과 상대적 결과 그 자체로부터 나오는 만족반응(reaction of satisfaction)이 그것이다. 분배결과가 부정적이고 사용되었어야만 했던 다른 절차를 사용했더라면 보다 더 나은 결과를 얻을 수 있었을 것이라고 믿을 때 분노는 극대화된다. 즉 높은 준거 및 낮은 정당화 상황에서 사람들은 매우 크게 분노한다. 그러나 정당한 절차를 사용했다면 결과가 불만족스러울지라도 분노하지는 않는다. 준거인지 이론은 두 개념의 통합을 위한 기초를 제공하며, 결과와 절차에 대한 관심이 어떻게 결합하

33) R. Folger, Distributive and Procedural Justice in the Workplace, *Social Justice Research*, vol.1, 1987, pp.143-159.
34) R. Cropanzano, & R. Folger, Referent Cognitions and Task Decision Autonomy: Beyond Equity Theory, *Journal of Applied Psychology*, vol.74, 1989, pp.293-299.

여 개인의 반응에 영향을 줄 수 있을 것인가를 보여준다.

앞에서 설명했던 개인이익모델과 집단가치모델 개념에 대한 학자들 간의 입장 차이는 또한 이러한 절차와 분배공정성에서의 우선순위 내지 중요성에 관련된 것이다. 즉 Greenberg의 연구는 결과가 긍정적일 때만 절차를 가치 있게 여긴다는 주장이고, Lind & Tyler, Early 등은 집단 의사결정 연구에서는 결과와는 독립적으로 절차공정성을 중시한다는 주장인 것이다.

분배공정성과 절차공정성을 동시에 고려하여 상호작용 효과를 파악할 때 공정성이 조직효과성에 미치는 영향을 보다 정확히 파악할 수 있을 것으로 보인다. 다음은 분배공정성과 절차공정성 각각의 공정 및 불공정 인식의 조합을 나타낸 것이고, 각각의 조합에 대한 기존의 연구결과를 살펴보면 다음과 같다.

〈표 2-2〉 공정성 지각에 따른 적응형태 유형

절차공정성 \ 분배공정성	공정 지각	불공정 지각
공정 지각	I	III
불공정 지각	II	IV

(1) 분배공정성과 절차불공정성 상황

Greenberg, Cropanzano, Folger의 연구결과를 보면, 결과가 긍정적이고 절차가 부정적이면 사람들은 특별한 흥분 없이 절차불공정을 바라본다는 것이다. 장기적으로는 불공정한 결과를 가져올 위협이 되기 때문에 절차에 관심을 갖는다. 그러나 불공정 절차가 지속적으로 자기에게 유리하다면 무시하려 할 것이다. 이타주의나 인도주의적 관심을 가지고 불이익 받는 사람을 관심 가질 수는 있다.

(2) 분배불공정성과 절차공정성 상황

결과에 불만족을 표현하기는 하지만, 큰 불공정을 표현하거나 많은 분노를 표현하지는 않을 것이다.[35] 다른 사람에게보다는 오히려 자기 자신에게 화를 내게 될 것이다. 낮은 임금만족과 관련이 있고 조직몰입이나 경영자에 대한 평가에는 관련이 없다고 한다. 그러나 오히려 개인의 성과는 크게 증대되었다. 즉 더 열심히 일한다는 것이다.

(3) 분배불공정성과 절차불공정성 상황

Greenberg나 Folger의 연구에서는 강한 반발과 부정적 형태를 나타내었다. Tyler[36]의 연구에서도 열심히 일하려 하지 않고 성과가 가장 떨어졌다. 집단적 행동이 나타날 가능성도 있는데 이는 절차불공정을 시정하기 위함이다. 즉 분배불공정은 개인적이고 주관적 판단이기 때문에 집단지지를 얻기는 어렵다. 반면에 절차불공정은 많은 구성원에 대한 대우를 포함하기 때문에 많은 사람이 동시에 영향을 받고 집단적 행동의 유도도 쉽다. 또한 조직 전반에 대한 평가를 저하시키게 된다.[37]

---

35) R. Cropanzano, & R. Folger, 앞의 글, 1989, pp.293-299.
36) T.R. Tyler, Conditions Leading to Value Expressive Effects in Judgements of Procedural Justice: A Test of Four Models, *Journal of Personality and Social Psychology,* vol.52, 1987, pp.333-344.
37) R. Folger, & M. A. Konovsky, Effects of Procedural and Distributive Justice on Reactions to Pay Raise Decisions, *Academy of Management Journal,*

4. 조직공정성에 관한 선행연구

인지부조화 이론(cognitive dissonance theory), 균형이론(balance theory), 교환이론(exchange theory) 등과 같은 다양한 이론적 토대에서 출발한 공정성 이론은 투입과 산출의 비교의 결과 지각된 공정성 내지 불공정성이 동기유발의 바탕이 된다는 핵심내용을 담고 있다. 조직 내의 보상문제는 공정성 이론의 효과를 검증하기 위해 가장 많은 연구주제가 되어 왔으며, 이는 동기부여 요인으로서 보상의 효과가 매우 의미가 있는 것으로 파악되어 왔다. 특히 분배공정성과 절차공정성의 구분이야말로 조직공정성에 관한 최근 연구들의 가장 중요한 공헌이라 할 수 있다.[38] 분배공정성은 종업원들이 받은 보상에 대한 공정성에 초점을 둔 반면, 절차공정성은 배분결정을 내리기 위해 활용되는 절차의 공정성에 초점을 두고 있는 것이다. 연구에 따르면[39] 분배공정성과 절차적 공정성을 구분할 수 있으며, 분배공정성이 이루어지지 않더라도 절차적 문제에 대한 긍정적 지각은 의사결정 결과에 대해 긍정적인 태도를 유발할 수 있는 것으로 나타난다. 사람들은 자신의 노동에 따른 대가로서 적절한 보상을 요구하게 되고 그러한 보상을 받지 못하게 되면 행동을 취하게 된다. 또한 다른 사람들은 자신들이 원하는 것에 오히려 더 많은 노력을 기울이기도 할 것이다. 그러나 조직은 종업원들이 원하는 만큼 모두 줄 수 없기에 경영자들은 자연히 종업원들이 어떤 상황에서 어떤 반응

---

vol.32, 1989, pp.115-130.

38) R. Kanfer, Motivation Theory and Industrial and Organizational Psychology, in M.D.Dunnett and L.M.Hough, eds., *Handbook of Industrial and Organizational Psychology*, 1990, pp.76-170.

39) J. Greenberg, Organizational Justice: Yesterday, Today, and Tomorrow, *Journal of Management*, vol.16, 1990, pp.399-432.

을 나타내는지에 주의를 기울이게 된다. 조직 내에서 종업원이 소유할 수 있는 공정성의 원천을 분배공정성과 절차공정성으로 구분하고 있다.[40] 이러한 조직공정성에 관한 선행연구들을 살펴보면 다음과 같다.

분배공정성은 조직구성원이 조직으로부터 받는 보상의 크기에 대한 고정성의 인식 정도를 의미한다. 분배공정성과 조직구성원들의 반응에 초점을 둔 연구들은 Homans, Adams, Walster 및 Bercheid 등으로 이어지면서 중요한 연구전통을 이어왔다. 분배공정성은 특별한 결과의 평가(결과만족)와 높은 관련이 있는 것으로 연구되고 있다.[41] 임금만족에 대한 분배공정성의 역할은 분배공정성 문제에 가장 많이 연구되어 온 주제이기도 하다.[42] Adams의 이론을 수정·보완하는 시도[43]가 계속 이루어졌지만 조직의 공정한 보상분배에 적용되는 법칙으로서 형평규범은 여전히 핵심적인 가정으로 받아들여지고 있다. 다시 말해 종업원들은 직무에 기울인 자신의 투입에 비례하여 보상을 받기를 기대하므로 조직은 당연히 다른 사람보다 더 많은 조직에 기여한 사람

---

40) J. Greenberg, A Taxonomy of Organizational Justice Theories, *Academy of Management Review*, vol.12, 1987, pp.9-22.

41) R. Folger & M.A. Konovsky, Effects of Procedural and Distributive Justice on Reactions to Pay Raise Decisions, *Academy of Management Journal*, vol.32, 1989, pp.115-130.

42) J.S. Adams, Inequity in Social Exchang, In L.Berkowitz, eds., *Advances in Experimental Social Psychology*, vol.2, 1965, pp.272-283.
   P.S. Goodman, An Examination of Refernts used in the Evaluation of Pay, *Organizational Behavior and Human Performance*, vol.12, 1974, pp.170-195.
   G.F. Dreher, Prediction the Salary Satisfaction of Exempt Employees, *Personnel Psychology*, vol.34, 1981, pp.579-589.
   R.W. Rice, S.M. Phillips & D.B.McFalin, Multiple Discrepancies and Pay Satisfaction, *Journal of Applied Psychology*, vol.75, 1990, pp.386-393.

43) E. Walster & B. Berscheid, New Directions on Equity Research, In L. Berkowitz & E. Walster, eds., *Advances in Experimental Social Psychology*, vol.9, 1976, pp.1-42.

에게 더 많은 보상을 분배해야 한다는 형평규범이 그것이다. 이런 공정성 이론의 형평규범에 관한 명제는 지금까지의 수많은 실험실 연구44)에서 그 타당성이 입증되어 왔다.

절차공정성에 대한 연구가 이루어진 것은 1970년대 중반부터이다. 최초로 절차공정성에 대한 관심을 가진 것은 Thibaut와 Walker의 연구와, Leventhal이다. 이들은 공정성 이론을 여러 가지 면에서 비판하면서 조직 구성원들은 분배결정이 이루어지기까지의 절차의 공정성을 꾸준히 평가하며, 이런 절차의 평가는 결과 자체의 공정성 지각에 결정적인 영향을 미친다고 주장함으로써 분배의 결과 그 자체보다 절차가 중요할 수 있음을 시사했다. Leventhal은 사람들이 절차공정성을 평가하는 데 보편적으로 사용한다고 하는 법칙을 여섯 가지로 정리하는데 일관성, 편파배제, 정확성, 시정가능성, 대변성, 윤리성이 그것이다. 조직 내 절차공정성에 관한 많은 연구들은 위의 여섯 가지 기준의 일부분을 받아들이거나 그것과 관련된 기준을 절차공정성의 기준으로 설정하고 있다. 앞의 연구들은 특정한 보상 내지 결과의 결정 절차에 있어서의 통제권 내지 참여를 통한 절차공정성 제공이 보상 또는 결과의 평가에 대해 지니는 중요성을 제시하고 있다.

또한 법정형량 구형에 대한 인식45), 임금결정46), 상사에 대한 신뢰 형성47) 등의 연구를 토대로 분배공정성과 절차공정성이 개인에 대한

---

44) R.P. Vecchio, An Individual Differences Interpretation of the conflict Predictions Generated by Equity Theory and Expectancy Theory, *Journal of Applied psychology*, vol.66, 1981, pp.470-481.

45) T.R. Tyler, The Role of Perceived Injustice in Defendant's Evaluation of their Courtroom Experience, *Law and Society Review*, vol.18, 1984, pp.51-74.

46) R. Folger & M.A. Konovsky, Effects of Procedural and Distributive Justice on Reactions to pay Raise Decisions, *Academy of Management Journal*, vol, 32, 1989, pp.115-130.

47) M.A. Konovsky & S.D. Pugh, Citizenship Behavior and Social Exchange, *Academy of management Journal*, vol.73, 1994, pp.656-669.

대우 및 인지된 체계와 차등적인 결과를 맺고 있다는 점도 밝혀졌다. 이러한 연구들은 개인이 인지할 수 있는 공정성이란 개인에게 주어지는 직접적인 결과도 중요하지만 의사결정 과정상의 공정성도 중요하다는 점을 지적하고 있다. 그러한 연구로서 Lind와 Tyler는[48] 조직몰입, 충성도, 작업집단을 포함하는 조직에 대한 태도는 절차적 공정성의 결정에 영향을 받는다고 주장하고 있다. 임금인상을 결정하는 데 사용된 절차에 대한 공정성 지각은 조직몰입과 상사에 대한 신뢰에 영향을 미친다는 연구결과[49]도 있다. McFarlin과 Sweeney[50]의 연구에서 보면 분배공정성은 절차공정성보다 개인적 결과변수인 임금만족 혹은 직무만족을 잘 예측해 주는 변수이며 조직적 결과변수인 조직몰입, 상사의 부하평가 등에 대해서는 절차공정성이 분배공정성보다 더 우수한 예측변수라고 주장하고 있다. 최근에는 절차적 공정성의 개념을 도입한 다양한 연구성과, 즉 조직시민 행동[51], 인사선발[52], 인사고과[53] 등에서 절차적 문제가 단지 법적 상황이나 분쟁해결 상황에만 국한되지 않는 보편성을 지닌 중요한 문제임을 보여주고 있다.

---

48) E.A. Lind & T.R. Tyler, *The Social Psychology of Procedural Justice*, N.Y., Plnum, 1988, pp.267-278.

49) Folger & Konovsky, 앞의 글, 1989, pp.115-130.

50) D.B. McFarlin & P.D. Sweeney, Distributive and Procedural Justice as Predictors of Satisfaction with Personal and Organizational Outcomes, *Academy of Management Journal*, vol.35, 1992, pp.626-637.

51) M.A. Konovsky & S.D. Pugh, 앞의 글, 1994, pp.656-669.

52) S.W. Gilliland, Effects of Procedural and Distributive Justice on reactions to a Selection System, *Journal of Applied Psychology*, vol.79, 1994, pp.691-701.

53) M.A. Korsgaard & L. Roberson, Procedural Justice in Performance Evaluation: The Role of Instrumental and Non-Instrumental Voice in Performance Appraisal Discussions, *Journal of Management*, vol.21, 1995, 657-669.

제2절
조직몰입과 직무만족에 관한 연구

1. 조직몰입에 관한 연구

(1) 조직몰입에 대한 이론

조직몰입은 종업원을 유지해야 하고 종업원의 성과를 향상시켜야 하는 경영자나 조직 내에서 인간의 행동을 연구하는 학자들로부터 많은 관심을 끌어왔다. 지금까지의 조직몰입의 연구결과 조직몰입이 직무만족보다 종업원의 이직현상을 보다 잘 설명해 주는 경우가 많으며, 조직몰입도가 높으면 높을수록 성과가 높아질 가능성이 높고, 조직몰입이 조직유효성의 유용한 지표가 된다[54]는 것은 널리 알려진 사실이다.

조직몰입에 대해서는 1960년대부터 지금까지 많은 학자들에 의해 연구되었지만 학자에 따라 개념적 정의가 조금씩 차이가 있으며 일관된 보편적 정의가 확실하게 내려져 있지는 못하다.

Wagner[55]는 조직몰입을 '종업원이 조직에서 열심히 일하고자 하는 의사와 조직에 구성원으로 남으려는 의지'라고 하였고, Lee[56]는 조직

54) R.M. Steers, Antecedents and Outcomes of Organizational Commitment, *Administrative Science Quarterly,* vol.22, 1977, pp.46-56.
55) J.A. Ⅲ. Wagner, & J.R. Hollenbeck, *Management of Organization Behavior*, Prentice Hall Inc, 1992, p.254.
56) S.M. Lee, An Empirical Analysis of Organizational Identification. *Academy of Management Journal*, vol.14, no.2, 1972, pp.213-226.

몰입을 '어느 정도의 소속감이나 충성심으로 보아 개인과 조직체의 심리적인 결속의 형태'로 보았다. Alutto 등[57]은 '개인에게 약간의 보수, 자유, 지위 및 책임의 증가가 있어도 떠나지 않는다는 의사'라고 하였다.

조직몰입의 구성개념으로 Mowday 등[58]의 연구에서는 ① 조직의 목표와 가치에 대한 강한 신뢰와 애착 ② 조직을 위해 열심히 노력하고자 하는 헌신과 희생의사 ③ 조직구성원으로 남고자 하는 욕구 등의 세 가지 측면을 지니는 개념으로 파악하였으며, Meyer & Allen[59]은 조직몰입을 정서적 몰입, 계속적 몰입, 조직에 대한 개인의 책임, 의무감에 근거한 규범적 몰입으로 개념화하였다.

현재까지의 조직몰입에 대한 정의를 종합해 볼 때 조직몰입이란 '조직구성원이 그들의 가치목표를 조직목표와 동일시하고 또한 조직구성원으로서 남아 있기를 바라는 상대적인 정도'로서 파악할 수 있으며, 또한 조직몰입은 조직유효성의 보다 좋은 예측변인이 된다는 연구[60] 및 조직몰입이 강한 종업원은 그렇지 않은 종업원보다 업무수행을 잘한다는 연구[61]와 조직유효성의 유용한 지표가 된다는 연구[62]

57) J.A. Alutto, L.G. Hrebiniak, R.C. Alonso, "On Operationalizing the Concept of Commitment", *Social Forces,* vol.51, no.51, 1973, p.124.

58) R.T. Mowday, R.M. Steers, The Measurement of Organizational Committment, *Journal of Vocational Behavior*, vol.14, 1979, pp.234-247.

59) J.P. Meyer, & N.J. Allen, "A Three-Component Conceptualization of Organizational Commitment", *Human Resource Management Review*, vol.1, No.1, 1991, pp.61-89.

60) L.W. Porter, "The Ecology of Organizational Commitment: A Longitudinal study of Initial Stages of Employee-Organization Relationships", *Administrative Science Quarterly,* vol.19. 1974, p.533.

61) R.T. Mowday, R.M. Steers, & L.W. Porter, "The Measurement of Organizational Commitment". *Journal of Vocational Behavior,* vol.14, 1979, pp.224-247.

62) R.M. Steers, "Antecedents and Outcomes of Organizational Commitment",

등을 볼 때 조직행동학적 측면에서 종업원의 태도 측정에 중요한 역할을 한다고 볼 수 있을 것이다.

이러한 조직몰입에 대한 개념의 정의들을 통해 조직몰입은 사람들과 조직 간에 일정한 형태의 심리적 구속이 내재하고 있다는 데에는 의견이 일치되고 있다. 따라서 조직몰입은 소극적으로는 어느 정도의 이해관계를 떠나서 조직에 남아 충성하는 것을, 적극적으로는 조직의 목표와 가치를 자기의 것으로 동일시하는 심리적 구속이라고 정의할 수 있겠다.

조직몰입은 두 개의 중요한 유형으로 분류된다. 그것은 조직에 있어서의 행동 투자로서의 조직몰입(behavioral commitment)과 조직과 개인을 동일시하는 태도로서의 조직몰입(attitudinal commitment)이다. 이들 두 가지 접근방법들은 개인을 조직에 연결하는 심리학적 구속과 관련되어 있다는 점에서 유사하다. 그러나 그 구속이 발전해 온 조건에 있어서는 차이가 있다.[63]

행동몰입의 접근방법은 원래 Becker[64]의 조직몰입에 관한 이론에서 기원한다. 이 접근방법은 조직몰입을 교환이나 보상－비용 개념에서 생각하는 것이다. 여기에서 강조되는 것은 개인과 조직 간의 거래 또는 교환관계이다. 참여자의 관점에서 교환이 보다 유리하면 조직에 관한 그의 몰입은 더욱 커진다. 이 이론은 간단한 교환 패러다임을 시간요소와 아이디어 또는 조직참여의 투자 질이라는 개념을 도입함

Administrative Science Quarterly, vol.22, 1979, pp.46-56.

63) J.E. Mathieu, & D.M. Zajac, A review and meta-analysis of the antecedents, correlates, and consequences of organizational commitment, *Psychological Bulletin,* vol.108, 1990, pp.171-194.

64) H.S. Becker, Notes on the concept of commitment, *American Journal of Sociology,* vol.66, 1960, pp.32-40.

으로써 개념을 정제한다. 그는 조직에 대한 몰입의 감정을 개인과 조직이 거래와 변화 또는 시간에 대한 투자의 결과로써 발생하는 구조적 현상으로 본다. 따라서 개인이 거래를 함으로써 이질적 이익(예: 연금계획 또는 다른 이익이 생기는 투자)과 활동의 일관된 경향이 연결될 때에 몰입이 생긴다고 주장한다. 즉 조직에 대하여 거래를 할 때에는 개인은 관련된 이익을 교환에서의 긍정적인 요소로 지각하고 이들 이익을 잃는 것을 싫어하므로 그 조직에 더욱 머무르려고 하여 조직에 몰입한다고 한다. 이러한 개념화는 조직몰입이 조직구성원과 연관된 비용과 이익의 지각으로부터 발생한다는 것을 의미한다. 만일 지각된 비용이 이익보다 크면, 종업원은 아마도 그 조직을 떠날 것이다. 조직몰입에 대한 이와 같은 견해는 한마디로 개인의 조직에 대한 계산적인 구속을 묘사한 것이라고 할 수 있을 것이다.[65]

태도몰입은 행동몰입과는 달리 심리학적 접근방법이다. Sheldon[66]은 몰입을 개인의 정체성을 조직에 연결시키는 조직에 대한 태도나 지향이라고 정의한다.

Kanter[67]와 Buchanan[68]도 조직에 대한 개인의 감정적인 애착을 강

---

65) L.G. Hrebiniak, & J.A. Alutto, Personal and Role-Related factors in the Development of Organizational Commitment, *Administrative Science Quarterly*, vol.17, 1971, pp.555-572.

66) M. Sheldon, M., Investments and Involvements as Mechanism Producing Commitment to the Organization, *Administrative Science Quarterly*, vol.16, 1971, pp.143-150.

67) R.M. Kanter, Commitment and Social Organization on Study of Commitment Mechanisms in Utopian Communities, *American Sociological Review*, vol.33, 1968, pp.499-517.

68) B. Buchnan, Building Organizational Commitment: The Socialization of Managers in Work Organizations, *Administrative Science Quarterly*, vol.19, 1974, pp.533-546.

조한다. 앞에서 언급한 Mowday 등의 연구에서 주장된 조직몰입에 대한 정의가 대표적인 태도적 조직몰입이라 할 수 있겠다. 이러한 조직몰입의 선행변수로서는 크게 개인적 변수, 직무·역할관련 변수, 인사 및 조직관리 관련 변수 등으로 대별된다. 조직몰입이 어떤 변수에 의해 결정되는가에 대해서는 수많은 연구가 이루어졌지만 연구방법, 연구모델, 조사대상자, 조직특성에 따라 다르게 나타날 수 있다.

개인적 변수와 조직몰입과의 관련성 연구는 연령, 성별, 결혼여부, 근속연수, 교육수준 등의 신분변수에 대한 조직몰입과의 관계에 대한 연구이고, 직무특성 및 역할특성 요인과 조직몰입의 관계에 대한 연구는 직무에 대한 만족과 조직몰입, 직무몰입과 조직몰입[69], 역할의 명료성 및 적합성과 조직몰입[70]에 대한 연구가 활발하게 이루어졌다.

(2) 조직몰입과 조직유효성의 관계

조직몰입은 하나의 결과변수로서 혹은 조직연구의 선행연구로서 많은 연구가 이루어진 주제이다. 결과변수로서의 조직몰입은 조직구성원의 개인적 신분변수 혹은 역할, 직무성격과 조직구조와 같은 요인으로부터 영향을 받는 것으로 알려져 있다.[71] 선행변수로서의 조직몰입은 종업원의 성과, 이직, 결근, 조직유효성 등 여러 행동적 결과를 초래하는 것으로 조사되었는데 특히 이직과의 관계는 매우 의미 있는

---

69) B. Buchnan, 앞의 글 1974, pp.533-546.
70) J.H. Morris, & J.D. Sherman, "Generalization of an Organizational Commitment Model", *Academy of Management Journal*, vol.24, 1981, pp.512-526.
71) J.P. Meyer, N.J. Allen & J. Smith, Commitment to Organizations and Occupations: Extensions and Test of a Three-Component Conceptualization, *Journal of Applied Psychology*, vol.78, 1993, pp.538-551.

것으로 나타나 있다.[72]

Scholl은[73] 조직몰입을 기대와 공정성 상황이 이루어지지 않을 때 행동적 방향을 유지하기 위한 안정된 힘으로 정의하였는데, 성과에 대한 공식적 보상이 주어지지 않을 때 조직몰입은 조직유효성에 영향을 미친다고 하였다.

또한 많은 연구에서 조직구성원의 조직몰입 수준과 조직생활을 하는 태도와 행동은 높은 상관관계가 있는 것으로 나타나고 있다. 특히 이직 의도와 지각(lateness)과 같은 행동과는 부(-)의 관계를 보이고 있다.[74] 뿐만 아니라 몰입이 높은 종업원의 경우 그렇지 않은 종업원에 비해 추가적 조직유효성을 낼 수 있는 창의적 행동과 적극적 행동들을 취하며 결과적으로 조직의 경쟁력을 높이는 데 기여하는 것으로 조사되었다.[75]

(3) 조직몰입에 관한 선행연구

최근 조직몰입에 대한 연구의 주요 흐름 중에 하나는 역할변수와의

---

72) J.E. Mathieu & D.M. Zajzc, A Review and Meta-Analysis of the Antecedents, Correlates, and Consequences of Organizational Committment, *Psychological Bulletin*, vol.108, 1990, pp.171-194.

73) R.W. Scholl, Differentiating Organizational Committment form Expectancy as a Motivating Force, *Academy of Management Review*, vol.6, 1981, pp.589-599.

74) H.L. Angle & J.L. Perry, Dual Commitment and Labor-Management Relationship Climates, *Academy of Management Journal*, vol.29, 1986, pp.31-50.
J.P. Meyer, S.V. Paunonen, I.R. Gallatley, R.D. Goffin & D.N. Jackson, Organizational Commitment and Job performance: It's the nature of the Committment that Counts, *Journal of Applied Psychology*, vol.74, 1989, pp.152-156.

75) D. Katz & R.L. Kahn, *The Social Psychology of Organizations*, 3rd., N.Y., Wiley, 1978, pp.42-116.

관계를 규명하는 방향에서 많이 이루어지고 있다. 역할특성변수는 ① 직무범위, ② 역할갈등 및 역할모호성, ③ 업무과중 등이다.

조직몰입과 관련하여 인사조직 관련변수는 임금수준, 임금구성체계, 복리후생, 업적평가제도 등의 인사관련제도 등에 초점을 맞추어 진행되어 왔다. 그리고 종업원 채용 이후의 능력개발을 위한 교육훈련제도, 종업원 승진제도, 조직 내의 많은 관계 중에서 임원과 직속상사, 동료 등에 대한 관계 등이 연구의 관점이 되어 왔다.

해고 등의 고용조정 상황에서 고용조정 의사결정에 대한 공정성 인지의 여부는 생존자의 조직몰입과 정(+)의 영향관계가 존재한다는 실증연구[76]와 해고의 불공정성 인식이 생존자의 동기부여와 조직몰입에 부(-)의 영향관계가 있음을 나타내는 실증연구[77]도 있으며, 또한 Bies[78]는 비록 조직이 바람직하지 않은 자원할당을 했더라도 조직이 이에 대한 충분하고 명확한 설명을 부여하면 조직구성원은 우호적인 반응을 보인다고 했으며, Folger[79]는 남아 있는 생존자가 해고에 대한 명확하고 충분한 설명이 있으면 해고가 공정하다고 인식한다고 주장하였다.

76) J. Brockner, B.M. Wiesenfeld, T. Reed, S. Grover, & C. Martin, "Interactive Effect of Job Content and Context on the Reactions of Layoff Survivors", *Journal of Personality and Social Psychology,* vol.64, no.2, 1993, pp.187-197.
77) J. Brockner, R.L. Dewitt, S. Grover, & T. Reed, "When it is Especially Important to Explain Why: Factors Affecting the Relationship between Managers' Explanation of a Layoff and Survivors' Reaction to the Layoffs", *Journal of Experimental Social Psychology,* vol.26, 1990, pp.389-407.
78) R.J. Bies, "The Predicament of Injustice: The Management of Moral Outrage." In L.L. Cummings, & B. Staw, eds., *Research in Organizational Behavior,* vol.9, 1987, pp.289-319.
79) R. Folger, "Reformulating the Preconditioins of Resentment: A Referent Cognitions Model", In J. C. Masters & W. P. Smith, eds., *Social Comparison Justice, and Relative Deprivation,* 1987, pp.183-215, Hillsdale, NJ: Erlbaum.

Mowday, Porter 및 Steers[80]는 공정성과 조직몰입 간의 메커니즘에서 조직몰입은 조직과 조직구성원 사이의 상호관계가 있다고 보고 종업원이 조직에 몰입한 상태를 보이면 조직은 종업원에게 몰입의 표시로 경제적, 정신적 표시를 보인다고 주장하였다. 즉, 정리해고와 같은 사건에 대해 조직이 구성원에게 퇴직위로금, 창업지도, 전직지원, 전직상담, 지속적인 배려와 관심 등을 보여 공정성 인식에 영향을 미친다면, 정리해고의 희생자는 해고라는 부정적 상황을 맞게 되지만 조직이 보여준 몰입의 반대급부로 생존자의 조직몰입에 미치는 부정적 관계를 상쇄하는 긍정적 행동을 취한다고 볼 수도 있다는 것이다.

이러한 조직몰입의 측정은 많은 도구가 소개되어 있는데 그 가운데 가장 일반적으로 사용되는 두 개의 도구는 Hrebenik & Alluto[81]의 몰입에 대한 조작적 정의와 조직몰입의 태도에 대한 지각을 측정하는 Mowday 등[82]의 몰입척도이다. Mathieu & Zajac[83]에 의하면 조직몰입의 태도측정이 조직몰입의 계산적 측정보다 여러 가지의 선행 및 결과요인(나이, 교육수준, 전직의도)과 더욱 강하게 관계되어 있다고 하였다.

지금까지 조직몰입의 개념, 결정 및 결과변수, 그리고 측정척도에

---

80) R.T. Mowday, R. M. Steers, & L.W. Porter, L. W., "Employee-Organization Linkages: The Psychology of Commitment," *Absenteeism and Turnover*, New York Academic Press, 1982, pp.187-198.

81) L.C. Hrebiniak, & J.A. Alutto, J. A, Personal and Role-Related Factors in the Development of Organizational Commitment, *Administrative Science Quarterly*, vol.17, 1972, pp.555-572.

82) R.T. Mowday, R. Steer, & L. Poter, The Measurement of Organizational Commitment, *Journal of Vocational Behavior*, vol.14, 1979, pp.224-247.

83) J.E. Mathieu, & D.M. Zajac, A Review and Meta-Analysis of the Antecedents, Correlates, and Consequences of Organizational Commitment, *Psychological Bulletin*, vol.108, 1990, pp.171-197.

관하여 살펴보았는데 조직공정성과 조직몰입의 관계를 보면 일반적으로 조직공정성이 선행변수이고, 조직몰입은 결과변수이다. 앞에서 검토한 바와 같이 보상정책에 대한 불만족이 조직몰입의 결정요인으로 작용하고 있고, 조직공정성의 유형 가운데 절차불공정성이 조직몰입과 관계되어 있다.

본 연구에서는 조직몰입의 계산적 정의보다는 태도접근의 입장에서 조직공정성 특히 인사고과, 보상관리, 승진관리 등 인사관리 시스템에 있어서의 불공정성 지각이 조직몰입에 어떠한 영향을 미치는가를 실증 연구하려 한다.

2. 직무만족에 관한 연구

(1) 직무만족의 개념과 유형

직무만족은 종업원이 직무를 향하여 긍정적인 감정의 지향을 표현하는 정도라고 정의된다.[84] 따라서 종업원들이 직무에 만족한다고 하는 것은 직무에 대한 그들의 생각보다는 그것에 대하여 좋아하는 감정을 표현하는 것이다. 이와 동일한 맥락에서 Locke[85]는 직무만족을 자신의 직무나 직무경험의 평가로부터 생긴 즐겁고, 긍정적인 감정상

---

84) P.C. Smith, L.M. Kendall, & C.L. Hulin, *The Measurement of Satisfaction in Work and Retirement: A Strategy of the Study of Attitudes*, Skokie, IL: Rand McNally, 1969, pp.1-3.
85) E.A. Locke, The Nature and Causes of Job Satisfaction, In M. Dunnette(ed.), *Handbook of Industrial and Organizational Psychology,* Chicago: Rand-McNally, 1976, p.1300.

태라고 정의한다.

직무만족은 사람들이 그들의 직무에 대하여 가지는 느낌에 따라 전체적인(global) 직무만족과 단면적인(facet) 직무만족의 두 가지 유형으로 구분한다. 전체적 직무만족은 직무에 대한 개인의 전체적 느낌을 말하고, 단면적 직무만족은 사람들이 그들 직무의 특정한 관점이나, 개별적인 단면들에 대하여 가지는 느낌을 말한다. 예를 들어 봉급이나 감독자에 대하여 느끼는 개별적 감정이 이에 속한다.

전체적 개념을 성분이 되는 단면들로 분해하는 것은 개념이나 통계적인 방법에 의한다. 개념적 접근방법에서는 연구자들은 직무에 있어서 무엇이 중요한 단면들인가에 대하여 자신들의 직감과 조사보고들을 사용하거나 미리 일정한 단면들을 상세하게 열거한 특정한 이론의 틀을 채택한다. 단면들을 추론하는 통계적 방법은 많은 양의 질문 자료들을 소수의 일반적인 자원들로 줄이기 위하여 요인분석과 같은 통계기법들을 사용한다. 직무만족에 대한 연구에 사용되고 있는 많은 기존의 설문지들이 이러한 방법으로 개발되었다.[86]

(2) 직무만족의 이론

직무만족에 대한 대부분의 연구는 직무가 개인들의 욕구를 충족시키도록 하면 그들은 긍정적인 직무태도를 개발한다고 가정하는 인간관계 이론에 기초를 두고 있다.[87] 따라서 직무만족의 문제에 있어서

---

86) R. Fincham, & P.S. Rhodes, *The Individual, Work, and Organization: Behavioral Studies for Business and Management*, (2nd ed.): Oxford University Press, 1992, pp.34-36.

87) T.L. Tang, & L.J. Sarsfield-Baldwin, Workers' Evaluations of the Ends and the Means: An Examination of Four Models of Distributive and Procedural

는 동기이론 가운데 내용이론이나 과정이론이 제시하는 여러 가지 욕구에 대한 충족문제가 중요한 쟁점이 되어 왔다.

앞에서 설명한 바와 같이 직무만족은 감정의 의미를 가지고 있다. 이러한 심리적 상태는 개인들의 미래 행동선택과 관련된다.[88] 직무만족의 결정요인에 대한 연구의 관심은 대부분 이러한 긍정적 또는 부정적 감정상태를 만드는 환경요소나 조건을 확인하는 데 있었다. Taylor[89]는 금전보상이 이러한 감정을 조정한다고 했다. Hawthorne 연구가들은 금전보상을 사회보상과 인센티브로 대체하였다.[90]

Schaffer[91]는 보상의 특징에 개인차이라는 개념을 도입하였다. Maslow는 욕구단계설에 기초하여 다섯 가지의 만족과 불만족의 요인들을 제시하였다. 이 요인이론의 Herzberg 등[92]은 두 개의 일반적인 요인을 제안하였고, ERG이론의 Alderfer[93]는 세 가지 종류의 잠재적 보상을 제시하였다. Locke[94]는 행복이나 만족의 감정은 욕구보다 가치의 체계에 기인한다고 제안하였다. 욕구는 타고난 것이지만, 가치는 학습된다고 가정된다. 개인의 실제적 선택과 감정적 반응을 결정하는 것은 이들

Justice, *Organizational Behavior and Human Decision Process,* vol.55, 1996, pp.23-40.

88) F.J. Landy, An Opponent Process Theory of Job Satisfaction, *Journal of Applied Psychology,* vol.63, 1978, pp.698-707.

89) F. Taylor, *Scientific Management,* New York: Harper & Brothers, 1947, p.35.

90) F.J. Roethlisberger, & W.J. Dixon, *Management and the Worker.* Cambridge, Mass: Harvard University Press, 1939, p.14.

91) R.H. Schaffer, Job Satisfaction as Related to Need Satisfaction in Work, *Psychological Monographs,* vol.67, 1953, pp.14-25.

92) F. Herzberg, B. Mausner, & B. Snyderman, *The Motivation to Work,* New York: Wiley, 1959, pp.1-59.

93) C. Alderfer, An Empirical Test of a New Theory of Human Needs, *Organizational Behavior and Human Performance,* vol.4, 1963, pp.142-175.

94) E. A. Locke, 앞의 책, 1976, p.1300.

가치이다. 따라서 가치가 쾌락상태의 결정요인이라고 생각된다.

이와 같은 내용이론은 정확하게 어느 요인이 만족이나 불만족의 원인인가의 관점에서 직무만족의 결정요인을 연구하지만 과정이론은 환경의 자극에 대한 여러 가지 반응들이 어떻게 결합하여 만족이나 불만족이라는 상태를 만드는가를 제시하는 것과 같이 직무와 관련된 감정상태의 발생, 유지와 소멸을 지배하는 작용과정의 관점에서 직무만족을 연구한다. 초기 과정이론가들은 단일의 변수인 선형모형을 제시하였으나 Schaffer[95]는 불일치모형으로 생각되는 욕구강도에 의하여 결정되는 여러 개의 가중변수를 제시하였다. Herzberg 등은 만족과 불만족이 단일한 연속체상에 있지 않고, 증가된 보상의 효과에 한계가 있다고 제안하는 근본적으로 다른 과정모형을 제안하였다. 또한 Landy는 개인이 일정한 수준 이상으로 자극받아 흥분되었을 때에 자극의 원천이 제거되어도 감정이 즉시 처음 수준으로 돌아가지 않고, 대신 원래의 자극에 의해서 생긴 반대 방향으로 처음 수준을 지나쳐 가는 경향이 있으며, 점차로 최초의 수준으로 다시 돌아온다는 대면 과정이론(opponent process theory)을 주장하였다. 투입과 산출의 불일치가 있을 때에 불만족이 생긴다고 앞에서 설명한 형평이론도 과정이론의 한 분야이다.

현대의 직무만족 연구경향으로는 지금까지 설명한 동기이론의 입장에서 직무만족의 개인적, 주관적 성질을 강조하는 접근방법 이외에 사람들이 하고 있는 직무에 직무만족을 일으켜 주는 중요한 객관적 특성이 있다고 제안하는 직무특성 이론이 있다. 직무특성 이론을 제안한 Hackman & Oldham[96]에 의하면 직무는 다섯 가지의 핵심차원

---

95) R. H. Schaffer, 앞의 책, 1953, pp.14-25.
96) J.R. Hackman, & G.R. Oldham, Development of the Job Diagnostic Survey,

이 있다고 한다. 즉, ① 기능다양성(skill variety): 많은 수의 다른 기술과 재능을 요구하는 정도, ② 과업정체성(task identity): 전체적이고, 동일하다고 증명할 수 있는 한 작업부분의 완성을 요하는 정도, ③ 과업중요성(task significance): 직무가 다른 사람들에 대하여 가지고 있다고 믿는 영향의 정도, ④ 자율성(autonomy): 작업장, 작업중단, 그리고 과업할당과 같은 의사결정에서 자유, 독립성, 재량이 주어지는 정도, ⑤ 과업 피드백(task feedback): 성과의 효율성에 대한 명료하고 직접적인 정보를 제공하는 정도가 그것이다.

직무는 이들 핵심차원을 포함하는 정도에 따라 다르다고 하는데 이들을 상호 결합하여 설계하면, 세 개의 중요한 심리적 상태가 종업원들 사이에 일어난다고 한다. 첫째로는 작업의 경험적 의미부여(experienced meaning-fulness of work)로 기능다양성, 과업정체성, 과업중요성의 수준에 의하여 결정된다. 둘째는 작업성과에 대한 경험적 책임(experienced responsibility for work outcomes)으로 존재하는 자율성의 양에 의해 결정되며, 세 번째로는 작업활동 결과에 대한 인식(knowledge of results of work activities)으로 존재하는 피드백의 양에 의해 결정된다. 이들에 의하면 개인이 이러한 심리적 상태를 경험하게 되면 작업동기와 직무만족은 높아지고, 작업의 질과 참여와 같은 행동 산출도 개선된다고 하였다.

직무만족 연구에 있어서는 언급한 직무관련 연구와 마찬가지로 직무와 관련되지 않은 나이, 성별, 직업상의 지위와 같은 개인적 특성변수가 결정요인으로 작용하는지에 대한 연구도 있다. Weaver[97]는 직업상의 지위가 직무만족과 중대하게 상관관계가 있다는 것을 발견하였다. 관리,

Journal of Applied Psychology, vol.61, 1975, pp.159-170.

97) C.N. Weaver, C. N., Job satisfaction in the United States in the 1970s', *Journal of Personality and Social Psychology*, vol.65, 1980, pp.364-367.

기술, 전문, 그리고 자영업자들은 모두 블루칼라 근로자들보다 직무만족 수준이 높은 것으로 보고되었다.[98] 또한 나이와 근무기간에 따라 직무 태도가 일관된 경향을 보인다고 한다.[99] Sheppard & Herrick[100]은 20대의 근로자 그룹은 24%, 30~35세의 근로자 그룹은 13%, 45~54세의 근로자 중에 11%가 작업에 대하여 부정적인 태도를 나타냈다는 자료를 발표하였다. 그러나 성별 차이는 일정하지 않은 결과를 나타내었다.[101]

(3) 직무만족과 불만족의 결과

직무만족과 관련하여 가장 핵심 쟁점사항은 직무만족이 실제 작업장에서 어떻게 작용하는가의 문제이다. 가장 중요하게 다루어지는 문제는 직무만족과 불만족이 이직, 결근, 작업성과에 어떠한 영향을 미치는가에 관한 것이다.

가. 이 직

Rusbult 등[102]은 Hirschman[103]의 연구결과를 기초로 하여 직무만족

98) R. Fincham, & P.S. Rhodes, 앞의 글, 1992, pp.34-36.
99) F. Herzberg, B. Mausner, R. Peterson, & D. Capwell, *Job Attitudes: Review of Research and Opinion*, Pittsburgh: Psychological Service of Pittsburgh, 1955, pp.345-347.
100) B.H. Sheppard, & R.J. Lewicki, Toward General Principles of Managerial Fairness, *Social Justice Review*, 1984, p.20.
101) D.W. Organ, & T.S. Bateman, *Organizational Behavior*, (4th ed.): Irwin, Boston, R. R. Donnelley & Sons co., 1991, pp.1-34.
102) C.E. Rusbult, D. Farrell, & A.G. Mainous, Impact of Exchange Variables on Exit, Voice, Loyalty, and Neglect: An Integrative Model of Responses to Declining Job Satisfaction, *Academy of Management Journal*, vol.31, 1988, pp.599-627.
103) A.O. Hirschman, Exit, Voice, and Loyalty: Responses to Decline in Firms,

감퇴의 영향에 대한 연구결과를 제시하였는데 개인은 감퇴하는 직무만족에 대하여 중지 또는 행동으로 다른 직무를 찾음(exit), 동업자들 및 감독자와의 문제에 대한 토론을 함으로써 개선하려는 행동적이고 구조적 단계를 취함(voice), 수동적이나 낙관적으로 여건이 개선되기를 바라지만 아직 조직을 지지하고 기여함(loyalty), 그리고 노력을 줄이고 상관없다는 생각을 갖는 낮은 몰입을 보임(neglect) 등 네 가지 방향으로 반응할 것이라는 이론을 정립하였다. 직무만족이 낮으면 낮을수록 구성원들은 더욱더 exit 또는 neglect를 선택한다고 한다. 이직은 직무만족과 부(-)의 관계를 나타낸다고 하였다.

나. 결 근

결근도 이직과 마찬가지로 직무만족과 부(-)의 관계에 있다. 그러나 직무만족으로부터 결근율을 예언하는 것은 다른 직무태도와 마찬가지로 복잡한 다른 요인들을 고려하여야 한다. 결근율은 직무만족과는 상관없이 높은 실업기간에는 감소하고, 종업원들이 쉽게 시간 외의 임금을 벌 수 있을 경우에는 증가한다. 국가별로도 일본과 스위스는 미국보다 결근율이 낮고, 영국과 이탈리아는 결근율이 높다. 대규모 제조회사에 대한 연구결과로는 부서별로 결근율이 크고 일정하게 차이가 있었는데, 직무만족이나 신분차이로 그 원인을 설명할 수 없다고 한다. 또한 일부 연구결과로는 개인의 과거 결근기록이 장래의 결근율을 예측하는 데 도움을 준다고 한다. 이로 미루어보면, 결근은 유소년시절에 형성되는 학습되는 행동이라고 생각할 수도 있을 것이다.[104)]

Organization, and States. MA: Harvard University Press, 1970, pp.35-42.
104) D.W. Organ, & T.S. Bateman, *Organizational Behavior*, (4th ed.): Irwin, Boston, 1991, pp.390-397.

다. 작업성과

직무만족과 관련하여 조직의 관리자들이 가장 관심을 가지는 결과 변수는 작업성과이다. 과연 종업원의 직무만족이 높은 작업성과를 달성하게 하는가? 많은 연구의 공통된 결과는 두 변수는 사실상 서로 독립되어 있다고 한다. Porter & Lawler[105]는 두 변수 간에 상관관계가 있는 것으로 나타난 경우라도 두 변수는 다른 요인들과 관계되어 있으므로 그 관련성은 사실이 아니라고 하였다.

지금까지 직무만족의 개념, 이론과 직무불만족의 결과에 관하여 살펴보았는데 조직공정성과 직무만족의 관계를 보면, 조직구성원들이 불공정한 대우보다 공정한 대우에 대하여 더 호의를 가지고 반응할 것이라는 가정은 합리적이고 경험적이라 할 수 있다. 실제로 심리학 이론들은 개인의 행복과 만족에 대한 기본적 요구로서 공정성의 중요성을 강조하고 있다. 조직공정성 이론에서도 분배공정성과 절차공정성 모두 직무만족과 관계가 있다는 것이 지배적이다. 그러면 이 두 유형의 공정성이 직무만족에 미치는 영향은 어떠한 것인가.

(4) 직무만족에 관한 선행연구

직무만족은 많은 연구에서 조직유효성의 선행변수로서 간주되어 왔다.[106] Locke에 의하면 직무만족은 개인이 직무수행이나 직무평가를

---

105) L.W. Porter, & E.E. Lawler, E. E., *Managerial Attitudes and Performance.* Homewood: Irwin-Dorsey, 1968, pp.57-58.

106) T.S. Bateman, & D.W. Organ, Job Satisfaction and the Good Soldier: The Relationship between Affect and Employee Citizenship, *Academy of Management Journal*, vol.26, 1983, pp.587-595.
C.A. Smith, D.W. Organ, & J.P. Near, Organizational Citizenship Behavior:

통해 얻게 되는 유쾌함이나 좋은 정서적 상태인데, 이에는 인지적 요소와 감정적 요소가 있다. 인지적 요소는 어떤 대상에 대한 일련의 신념을, 감정적 요소는 대상에 의해 일어나는 느낌이나 감정을 말한다.

제 3 절
조직유효성에 관한 연구

1. 조직유효성의 개념

(1) 조직유효성의 정의

조직유효성(organizational effectiveness)은 목표달성 정도[107]나 희소가치가 있는 자원을 획득하기 위해서 환경을 개척해 나가는 조직의

Its Nature and Antecedents, *Journal of Applied psychology*, vol.68, 1983, pp.653-663.

D.W. Organ, & M.A. Knovsky, Cognitive versus Affective Determinants of Organizational Citizenship Behavior, *Journal of Applied Psychology*, vol.74, 1988, pp.157-164.

L.J. Williams, & S.E. Anderson, Job Satisfaction and Organizational Committment as Predictors of organizational Citizenship and in Role Behaviors, *Journal of Management*, vol.17, 1991, pp.601-617.

107) J.L. Price, *Organizational Effectiveness: An Inventory of Propositions*, Homewood Ⅲ, Irwin, 1968, pp.203-204.

능력108)으로도 정의된다. Robbins는109) 조직유효성을 단기 및 장기목표의 달성도로 정의하고, 목표를 설정하는 데는 전략적인 환경요소가 반영되어야 하며 평가자의 이해관계와 그 조직수명 주기의 특성이 반영된다고 하였다. 또 다른 정의로는 조직구성원들에게 공헌도 이상의 유인을 제공함으로써 욕구를 충족시켜 줄 수 있는 조직의 능력이라고도 정의된다.110) 이렇듯 조직유효성은 기업의 수익성과 구성원의 욕구충족 및 사회에 대한 기여도를 포함하는 개념으로 볼 수 있다. 상술했듯이 조직유효성의 개념들은 유효성의 한 면을 기술할 뿐이므로 종합적인 개념이 되지 못한다. 오히려 조직유효성의 기준으로서 적합한 것은 조직몰입, 직무만족, 응집성, 사회적 공헌도에 대한 개념이 더 밀접하다고 볼 수 있다.111)

(2) 조직유효성 연구의 접근법

조직은 유형에 따라 목표나 기능이 모두 다를 뿐 아니라 조직의 본질이나 목표에 대한 이해도 다양하며 조직유효성에 관한 이론이나 조직유효성을 달성하기 위한 접근법도 매우 상이하다. 본 연구에서는 가장 널리 사용되고 있는 Robbins112)의 목표달성 접근법, 체계접근법,

---

108) S.E. Seashore & E. Yuchtman, "A Systems Resource Approach to Organizational Effectiveness," *American Sociological Review*, vol.32, 1967, pp.891-903.
109) S.P. Robbins, *Organization Theory: The Structure and Design of Organizations*, Eaglewood Clifs, N.J., Prentice-Hall, 1983, p.5.
110) P. Georgiou, "The Goal Paradigm and Notes towards a Counter Paradigm," *Administrative Science Quarterly*, vol.18, 1973, pp.291-310.
111) 김영천, 신기술군, 조직구조와 전략 그리고 조직유효성 간의 관계, 홍익대학교 석사학위논문, 1998, p.22.
112) S.P. Robbins, 앞의 책, 1983, p.23.

전략적 환경요소 접근법에 대해 고찰해 보기로 한다.

가. 목표달성 접근법

목표달성 접근법은 목표모형이라고도 불리는 것으로 목표달성을 조직유효성의 주된 측정기준으로 삼고, 목표의 달성 정도에 따라 조직유효성을 평가해야 한다는 주장이다. 많은 학자들이 이 접근법을 사용하고 있으며, 가장 전통적인 모형으로 분류된다. 여기에서 목표란 이윤의 극대화, 생산성, 수익성, 효율성 등의 개념이다. 이 접근법은 이론적으로는 Weber의 합리성 개념을 근간으로 하여 발전되어 왔으며, Price가 이 방법론을 체계화시켰다. 그는 조직유효성이 경제체계, 정치체계, 통제체계 및 인구, 생태학적인 요인과 생산성 및 적합성 정도 등 여러 변수에 의해 결정되는 것이며 이들 변수 가운데에서도 생산성이 조직유효성과 가장 밀접한 관련이 있다고 주장한다. 이 같은 목표달성 접근법의 예로는 MBO를 들 수 있겠다. MBO는 상급자와 하급자가 함께 설정한 목표를 얼마나 잘 수행하고 있는가를 측정함으로써 원래의 목표와 비교하고 업적이 목표달성의 어느 수준까지 와 있는가를 분석하는 관리기법이다. 이것은 목표달성 접근에 있어서 조직유효성에 대한 기본적인 원칙에 속한다.

나. 체계접근법

체계접근법은 체계자원 접근법이라고도 불리는 것으로, 목표 그 자체를 중시하는 목표모형과는 달리 목표달성에 필요한 수단에 초점을 맞추고 있다. Yuchtman 과 Seashore에 따르면, 조직유효성을 평가함에 있어서 조직의 건전한 상태, 투입물의 획득능력, 변환과정에 있어서의 효율성, 산출물의 유통능력, 안정과 균형의 유지능력 등 조직의 모든 기능을 포괄하여 평가하는 방법이라고 한다. 이러한 관점에서 볼 때 단순히 목표모형에서 제시하는 산출물만을 평가하는 것이 아니라 투입과 변환과정까지 중요시함으로써 목표를 달성하기까지의 수단이나 방법들을 중요시하고 있다는 점에서 차이가 있다.

체계접근법은 이론적으로 Katz와 Kahn 및 Yuchtman과 Seashore의 조직유효성 이론에 바탕을 두고 있다. Katz와 Kahn에 따르면 조직은 개방적인 성격을 지니고 있어서 외부환경으로부터 에너지를 받아들이고(input), 변환과정을 거쳐(transformation), 산출물을 외부로 보내며(output), 이 과정이 피드백(feedback)되어 계속 이어지는 것이라고 주장하였다. 이러한 관점은 단기적 측면에서 분석한 것이고, 장기적으로 보았을 때에는 조직은 존속을 위하여 기술을 향상시키고 성장에 필요한 자원을 획득하기 위해 노력하며, 외부환경에 대한 적응력을 키우려고 한다. 따라서 조직유효성을 높이기 위해서는 단기적 관점의 생산성 제고노력과 장기적 관점의 존속 및 성장 사이에 균형을 유지해야 한다. Yuchtman과 Seashore의 경우 조직유효성에 관한 체계-자원모형을 제시하고 조직유효성은 한 조직이 다른 조직과의 경쟁관계 속에서 희소자원을 획득하고 활용할 수 있는 능력에 있다고 주장한다. 그러나 이들의 논점은 외부환경과 관련된 투입-산출체계에서 조직은 자원을 획득할 때 지나친 경쟁을 하여야 하고 그 결과 자원을 획득할 수 있다는 논리를 가짐으로써 수단이 지나치게 강조되었다는 비판을 받기도 하였다.

다. 전략적 환경요소 접근법

전략적 환경요소 접근법은 환경과의 상호의존성을 고려한다는 점에서는 체계접근법과 맥락을 같이하지만 조직환경의 모든 구성요소를 고려대상으로 하는 것이 아닌 조직생존에 위협을 가하는 환경요소만을 대상으로 하여 전략적으로 그 환경요소들의 기대를 충족시킴으로써 조직을 존속케 한다는 데 차이가 있다. 그러므로 이 방법에 따른 조직유효성은 환경요소를 충족시킬 수 있는 능력에 따라 평가된다. 이 접근법은 이론적으로 Pfeffer와 Salansik의 주장을 근간으로 한다. 이들은 조직유효성이 높은 조직은 조직환경 내의 구성요소들의 요구를 충족시킬 수 있는 조직이라고 주장함으로써 지속적인 존속을 위하여 조직은 생존에 결정적인 영향을 미치는 환경요소들과 융합해야 하고 이를 위해서는 전략을 구상하지 않으면 안 된다고 주장한다.

이 접근법의 가정은 조직이 다양한 이해집단으로부터 때로는 경쟁적인 요구에 직면할 수도 있으며, 최고경영자는 조직의 생존에 필요한 자원에 대한 통제력을 가지고 있는 이해집단의 요구에 대응해 나갈 필요가 있다는 것이다. 그러나 모든 이해집단이 같은 중요성을 가지는 것이 아니기 때문에 우선순위를 두고 결정적인 환경요소를 확인하는 능력을 가지는 것이 아니기 때문에 우선순위를 두고 결정적인 환경요소를 확인하는 능력과 같은 환경요소들이 조직에 대해 요구하는 내용을 충족시킬 수 있는 능력을 가질 때 조직유효성을 높일 수 있다고 주장한다.

2. 조직공정성과 조직유효성과의 관계

조직공정성은 주로 인사관리 시스템과 관련하여 문제가 된다. 조직구성원들은 자신의 인사고과, 임금, 인사이동과 징계, 그리고 승진에 관한 결정에 대하여 항상 관심을 가지고 공정하게 결정되기를 바란다.

이들 인사관리 시스템의 하위 시스템들은 서로 밀접하게 관련되어 있다. 인사고과 결과는 승진이나 임금결정, 그리고 인사이동과 징계결정의 투입이 되고, 승진은 임금결정에 직접적인 영향을 미친다. 이러한 상호작용 관계에서 평가나 보상이 균형이 있고, 정확하게 이루어질 경우 합리적인 인사관리로 조직의 유효성이 향상될 수 있을 것이다.

인사결정에 대한 공정성의 평가과정을 보면, 조직구성원은 우선 인사결정에 대하여 불공정성을 경험하게 된다. 그리고는 실제의 자료를 얻거나 다른 사람들로부터 들어 불공정한 결과를 생산하는 데 사용된 절차의 불공정성을 알게 된다. 더 나아가서는 절차를 생산하는 조직의 종합 시스템까지 알게 된다. 그러나 인사결정 절차에 대한 실제적인 자료는 확인하기 어려운 경우가 많으므로 불공정한 절차는 보통 산출로부터 추론되고 시스템의 불공정은 절차나 산출에 대한 실제적인 지식에 기초하여 추론하게 된다. 이와 같이 산출과 절차의 공정성에 대한 지각은 먼저 결과에 대한 불공정성을 지각한 후에 귀납적으로 추론되는 것이 일반적인 경향이다.[113] 그러나 각 유형이 불공정성에 미치는 영향은 인사고과, 임금, 그리고 승진 등 인사관리 시스템의 하위 시스템에 따라서 각각 다르게 나타난다. 즉 임금결정은 분배공정성, 인사고과는 절차공정성에 보다 큰 영향을 받는다고 한다. 또한 형평, 평등, 그리고 필요 등 분배공정성의 평가기준과 절차공정성 지각의 평가기준들도 시스템에 따라 다르게 적용된다. 이하 앞에서 검토한 공정성 이론을 기초로 하여 조직구성원의 공정성에 대한 관심이 일반적이고, 그 관심의 정도가 큰 인사고과, 보상관리, 그리고 승진관

---

113) B.H. Sheppard, R.J. Lewicki, & J.W. Minton, *Organizational Justice: The Search for Fairness in the Workplace.* New York, Lexington Books. 1992, p.15.

리를 중심으로 인사관리 체계상의 공정성에 대하여 살펴보고자 한다.

(1) 인사고과

인사고과는 조직구성원이 조직체의 목표달성에 얼마나 기여하고 있는지를 평가하는 인적 자원 관리기능으로서 조직구성원의 발전과 보상결정에 중요한 기준이 된다. 인사고과는 그 자체로서 산출인 동시에 절차이다. 인사고과 결과는 임금결정, 승진, 그리고 인사이동 등 다른 인사결정에 대하여 절차로서 작용한다. 따라서 인사고과의 공정성은 조직구성원들에게 매우 중요한 문제가 된다. 많은 연구들이 평가의 정확성을 개선하기 위하여 보다 나은 평가도구로 유효한 평가훈련에 대하여 노력해 왔다.

인사고과에 대한 분배공정성의 입장은 일반 형평이론과 같은 것이다. 만일 부하들이 평균보다 높은 성과를 지각하고 있는데 이것이 상급자의 평가에 의하여 확인되지 않으면 그들은 인지적 불일치를 경험할 것이고, 그와 같은 개인들은 불일치를 줄이려고 동기를 유발할 것이라고 하였다. 일반적으로 대부분의 종업원들은 자신들의 직무성과를 평균 이상인 것으로 생각하며, 평균보다 낮은 평가로 인하여 자존심을 상하게 되고, 향후의 성과에도 부정적인 영향을 산출하여 자신의 개인적 특성보다는 외부요인(특히 평가자)에게 실패의 책임을 떠넘기며, 감독자에 대하여 도전적인 반응을 일으키게 된다.[114]

인사고과에 대한 절차공정성의 입장으로서는 Landy 등[115]이 제시

---

114) J.L. Pearch, & L.W. Porter, Employee Responses to Formal Performance Appraisal Feedback, *Journal of Applied Psychology*, vol.71, 1986, pp.211-218.
115) F.J. Landy, J. Barnes-Farrell, & J.N. Cleveland, Correlates of Perceived

한 인사고과의 공정성에 대한 평가기준이 있다. 이들의 주장에 의하면 인사고과에 대한 공정성과 정확성의 지각은 과정변수와 유의적인 관계가 있고 그 변수로는 ① 평가빈도, ② 목표의 확인, ③ 부하의 성과와 직무의무에 대한 감독자의 인식이 있다고 한다. 이것은 인사고과가 평가결과 자체는 물론 평가절차에 의해서도 그 공정성이 지각된다는 것을 말해 주고 있다.

(2) 보상관리

보상은 조직구성원이 조직체에서 수행한 일에 대한 경제적 대가를 말하며, 임금과 상여금, 그리고 복리후생을 포함한다. 임금은 기본급을 포함한 기준노동임금과 초과노동임금 그리고 각종 수당을 포함한 기준의 노동임금으로 구성된다.[116] 보상은 조직구성원의 만족감에 많은 영향을 주고 그의 직무성과에도 크게 작용한다. 뿐만 아니라 불만족과 이로 인한 역기능적 행동에 있어서도 중요한 요인이 된다. 또한 구성원 불만족의 중요한 형성요소가 보상결정의 불공정성의 지각이기도 하다.

보상의 분배규범은 형평, 평등, 그리고 필요가 적용된다. 개인의 투입에 비례하여 임금을 차등적으로 분배하는 것이 형평규범이고, 투입과 관계없이 동일하게 분배하는 것이 평등규범이며, 그리고 투입과 무관하게 개인에게 보상이 필요한 정도에 따라 분배하는 것이 필요규범이다. 이러한 원칙은 임금의 구조에 중복되어서 나타난다. 즉, 우리

Fairness and Accuracy of Performance Evaluation, *Journal of Applied Psychology*, vol.63. 1978, pp.751-754.
116) 이학종, 조직행동론, 세경사, 1995, pp.276-278.

나라 기업에서 일반적으로 채택하고 있는 임금구조는 연공급, 직능급, 그리고 직무급이다. 연공급과 직능급은 평등이나 필요규범을, 직무급은 형평규범을 따르고 있다고 할 수 있을 것이나, 연공급이나 직능급 또한 형평규범의 요소가 적용되고 있고, 직무급도 일정한 범위에서는 평등규범을 적용하고 있다고 할 수 있다.

보상관리에 있어서 가장 중요한 부분은 조직 내에서 직무들 간에 다르게 지급되는 임금 간의 관계이다. 따라서 임금과 관련된 보다 심각한 개인적 불만족은 다른 조직과 비교한 보상이 아니라 회사나 조직 내에서의 임금불공정에서 발생한다.117) 이것은 보상에 있어서의 준거인물은 다른 회사의 인물보다는 조직구성원이 소속된 조직 내 구성원이 된다는 것을 말하는 것이다.

보상분배의 절차에 있어서는 임금의 결정기준이 되는 직무평가의 공정성이 가장 중요한 과제이다. Sheppard 등118)은 남녀간의 임금차이를 보상의 불공정성 사례로 들면서, 여성에 대한 보상의 형평문제는 절차적 답변이 요구된다고 하였다. 이것은 보상의 형평성 문제는 절차로서의 직무평가가 정확하게 이루어져야 한다는 것이다. 따라서 보상관리에 있어서는 직무평가에 대하여 Leventhal의 여섯 개 원칙이 공정성지각의 중요한 평가기준으로 작용하게 된다.

그러나 지금까지의 연구결과에 의하면 보상분배의 만족에 대하여는 일반적으로 분배공정성이 절차공정성보다 더욱 영향을 크게 미치는 것으로 알려져 있다.119)

---

117) P. Pigors, & C.A. Myers, *Personnel Administration: A Point View and a Method*, 9th ed. New York: McGraw-Hill Book Co., 1981. pp.303-362.

118) B.H. Sheppard, R.J. Lewicki, & J.W. Minton, *Organizational Justice: The Search for Fairness in the Workpalce*. New York, Lexington Books. 1992, p.15.

119) P.D. Sweeney, & D.B. McFarlin, Workers' Evaluations of the Ends and the

(3) 승진관리

승진은 현재보다 직무 즉 책임과 신분 그리고 기술과 보상에 있어서 더 나은 직무로 올라가는 것을 의미한다. 뿐만 아니라 승진은 조직구성원의 자기발전과 동기부여 및 만족감에도 큰 영향을 미친다.[120]

승진결과에 대한 공정성 평가는 인사관리 시스템에서의 다른 변수와 마찬가지로 형평규범이 작용된다. 승진에서 탈락한 종업원은 근무성과 등 투입을 비교하여 불공정성을 판단하게 되는 것이 일반적 현상이다. 그러나 승진의 결과에 대한 공정성 평가에 있어서는 인사고과와 마찬가지로 절차의 공정성이 더욱 크게 영향을 미칠 수 있다. 그것은 승진방침이 매우 중요한 평가기준으로서 작용하기 때문이다.

승진방침에 작용하는 가장 근본적인 요소는 연공서열주의와 능력주의이다. 연공서열주의는 근무연수라는 객관적 기준에 의하여 승진이 결정되므로 방침 자체의 불공정성을 지각하지 않는 한 승진결정에 대한 불공정성 문제는 비교적 적다고 할 수 있다. 연공서열주의는 조직구성원의 근무연수와 공헌도와의 정의 관계를 전제로 하고 있다.

능력주의는 승진결정에서 근무연수보다는 능력을 가장 중요시하는 방침이다. 그러므로 능력주의는 조직의 효율성 관점에서도 가장 합리적

Means: An Examination of Four Models of Distributive and Procedural Justice, *Organizational Behavior and Human Decision Processes*, vol.55, 1993, pp.23-40.

120) A. Maslow, A theory of human motivation, *Psychological Review*, vol.50, 1943, pp370-396.
F. Herzberg, B. Mausner, & B. Snyderman, *The Motivation to Work*, New York: Wiley, 1959, pp.45-47.
J.S. Adams, Toward on Understanding of Inequity, *Journal of Abnormal Social Psychology*, vol.67, 1963, pp.422-436.

이고, 공정성 관점에서도 가장 합당하다고 생각할 수 있다. 그러나 능력과 그 소지여부에 대하여는 조직구성원의 주관적 견해에 따라 많은 차이가 있을 수도 있다. 따라서 주관적인 견해가 다를 경우 조직구성원으로 하여금 불공정성 지각을 갖게 하는 원인이 될 수도 있다. 이러한 경우 능력에 대한 공정성 평가는 Adams의 형평이론이나 Leventhal의 절차공정성 평가기준이 작용하게 되는 소지를 제공하게 되는 것이다.

3. 조직유효성에 관한 선행연구

조직유효성(organizational effectiveness)이란 조직이 얼마나 잘되고 있는가 또는 얼마나 효과적으로 운영되고 있는가를 나타내는 것으로서 조직의 성과를 평가하는 기준이라 할 수 있다. 따라서 조직유효성은 조직의 목표와 조직의 구성원이 개인의 목표달성을 포함하는 개념이다.[121]

조직유효성의 평가기준도 연구자들의 연구방법상에 따라 상이한 결과를 나타낸다. Price는 조직유효성을 목표달성 수준으로 정의하고 목표달성의 결정변수로 생산과정에서의 투입과 산출의 비율을 나타내는 생산성, 조직구성원의 사기, 조직규범에 대한 업무활동의 적합성, 동조성, 외부환경에서의 지지도로 파악한다.[122] 그러나 이 연구는 조직유효성에 대한 문헌만을 비교 분석하였기 때문에 조직유효성 기준에 대한 실증적인 검증이 어렵다는 특징을 가지고 있다. Likert는 생산량

---

121) 신유근, 조직행위론, 서울 다산출판사, 1985, pp.1-16.
122) J.L. Price, C.W. Mueller, *Handbook of Organizational Measurement*, Marshifield: Pitman Pub., 1968, pp.203-204.

이나 이익과 같은 결과변수에 영향을 미치는 매개변수로서 충성심, 동기유발, 개인의 상호작용, 의사소통, 의사결정 능력 등을 꼽고 있다.[123] Likert는 인간관계 이론의 영향을 받아 인간의 만족도를 중시하고 인적 자원의 가치에 의해 조직유효성을 측정하려 하였다. Seashore와 Yuchtman은 11년간 75개 보험회사의 경영성과를 조사한 자료를 토대로 조직유효성을 결정하는 10가지 요인을 밝혀냈는데, 사업실적, 생산원가, 신입구성원의 생산성, 구성원의 활동성, 사업전략의 결합, 인적 자원의 개발, 관리강조, 추대비용, 시장침투 능력 등을 주장한다.[124] Pfeffer 와 Salancik은 조직유효성을 조직의 존속을 위해 다수 이해관계자 집단의 경합되는 욕구를 충족시켜 줄 수 있는 조직의 능력으로 정의하였다.[125] 이학종과 정구현은 직무만족이 조직유효성 변수로서 아주 유용한 것으로 보고 있다.[126] Steers는 직무만족보다는 조직몰입이 전직, 이직의 훌륭한 예측치가 되며 강하게 몰입하는 종업원이 약하게 몰입하는 종업원보다 훨씬 더 직무수행을 잘하며, 또한 조직몰입도는 조직유효성의 유용한 지표임을 주장한다.[127]

이상과 같이 기존의 연구들에서 채택한 기준도 매우 다양하며, 하나의 궁극적인 기준이나 공통적인 기준들이 존재하지 않음을 알 수 있다. 이는 조직유효성 변수의 다양성에 기인하고 있는 것이다.

---

123) R. Likert, "Measuring Organizational Performance," *Harvard Business Review*, Mar.-Apr., 1958, pp.41-50.
124) S.E. Seashore & E. Yuchtman, "Factorial Analysis of Organizational Performance," *Administrative Science Quarterly*, vol.32, no.11, 1967, pp.377-395.
125) J. Pfeffer & .R. Salancik, *The External Control of Organizations*, N.Y., Haper & Row, 1978, p.26.
126) 이학종, 정구현, 한국기업의 구조와 전략, 법문사, 1992, pp.606-609.
127) R.M. Steers, "Antecedents and Outcomes of Organizational Commitment," *Administrative Science Quarterly*, vol.22, 1977, p.46.

Cunningham은 앞서 서술한 접근법에 의하면 체계접근법에서의 조직유효성 기준을 다음과 같이 열거하고 있다.[128] 관리자의 종업원에 대한 고려, 팀워크, 관리자와 종업원 간의 신뢰와 믿음, 확실한 정보에 의한 의사결정, 수평적, 수직적 원활한 의사소통, 조직과 개인들이 조직목표와 계획에 합일된 노력, 높은 성과와 성장을 위한 적절한 보상체계, 조직과 하부-집단의 원활한 상호작용이 그것이다. 본 연구에서도 조직유효성을 연구하고 측정하는 데는 체계접근법에 기초를 둔다. 그 이유는 보상의 공정성과 가장 밀접한 관계가 있을 뿐만 아니라 조직구성원의 행복, 직무만족, 그리고 경제적인 능률성을 주된 요소로 삼고 있는 체계접근법이 본 연구와 측정방법상 가장 적합하다고 판단되기 때문이다.

제 4 절
조직공정성과 조직몰입 및
직무만족, 조직유효성과의 관계

조직공정성과 조직유효성 간의 관계를 다룬 일련의 연구결과들을 통해 조직공정성이 성과, 직무만족, 조직몰입, 상사에 대한 신뢰, 이직의도 등에 영향을 미치고, 나아가 간접적으로나마 종업원들의 직무활

---

128) J.B.Cunningham, "Approach to Evaluation of Organizational Effectiveness", *Academy of Management Review*, vol.2, no.3, 1977, pp.463-474

동 전반에도 영향을 미친다는 사실에 대한 실증연구들은 활발하게 진행되어 왔다. 예를 들어 미국연방정부의 2,800여 명의 피고용자를 대상으로 한 Alexander & Ruderman[129]의 연구에서 절차공정성과 분배공정성이 이직 의도, 최고경영진에 대한 신뢰, 직무만족에 영향을 미치는 것으로 나타났으며, 이 중 절차공정성은 직무만족에, 분배공정성은 이직 의도에 보다 큰 영향요인이 됨을 발견하였다. 절차공정성 및 분배공정성과 직무만족 간의 관계를 다룬 Lissak, Mendos, & Lind의 연구결과도 분배공정성보다 절차공정성이 직무만족에 영향을 미친다는 것을 입증하고 있다.[130]

한편, Greenberg와 Moorman 등의 연구는 조직공정성이 조직몰입에 영향을 미친다고 주장하였고, 또한 그들은 임금을 결정하는 절차에 대한 공정성 지각은 독자적으로 조직몰입에 영향을 미친다고 하였다. 이를 구체적으로 실증연구 분석한 Fryxell & Gordon의 연구, 그리고 Folger & Knovsky의 연구에서도 임금만족은 분배공정성과, 상사에 대한 신뢰 및 조직몰입은 절차공정성과 밀접한 관계가 있음을 보여주고 있다.[131] McFarlin & Sweeney도 절차공정성은 개인수준의 결과변수(직무만족, 임금만족)보다는 조직수준의 결과변수(조직몰입, 상사에 대한 신뢰)와 관련성이 크다는 사실을 발견하였다.[132]

---

129) S. Alexander, & M. Ruderman, M., The Role of Procedural and Distributive Justice in Organizational Behavior, *Social Justice Research*, vol.1, 1987, pp.177-198.

130) D.S. Conlon, Some Test of the Self-interest & Group-Value Models of Procedural Justice: Evidence Form an Organizational Appeal Procedure, *Academy of Management Journal,* vol.36, no.5, 1993, p.1109.

131) C. Lee, Prosocial Organizational Behavior: The Role of Workplace Justice, Achievement Striving, and Pay Satisfaction, *Journal of Business and Psychology*, vol.10, 1993, p.198.

132) M.A. Kosgarrd, D. M. Schwiger, & H. Sapienza,, Building Commitment,

또한 국내의 연구들 중 Dittrich & Carrell[133]은 공정성지각이 직무
만족과 관련되어 있다는 것을 증명하였으나 분배공정성과 절차공정성
의 개별적인 효과는 조사하지 않았다. 그러나 Alexander & Ruderma
n[134]은 절차변수들이 분배변수보다 직무만족을 예측하는 데 있어 더
나은 것이라고 밝혔으며, Lissak 등[135]의 연구도 비슷한 연구결과를
나타내었다. Konovsky & Cropanzano[136]는 약물검사 과정의 공정성지
각에 관한 현장연구에서 직무만족에 대한 절차공정성의 효과는 결과
공정성(outcome justice)만의 효과를 능가한다는 것을 발견하였다.
Singer[137]는 채용관리에 있어서의 절차공정성을 조사하고는 절차공정
성 요소인 의사소통과 발언이 상당하게 직무만족을 예측해 준다는 것
을 주장하였다.

Attachment, Trust in Strategic Decision-Making Teams: The Role of
Procedural Justice, *Academy of Management Journal,* vol.38. no.1, 1995,
p.61.
133) J.E. Dittrich, & M.r. Carrell, Organizational Equity, Perceptions, Employee
Job Satisfaction, and Departmental Absence and Turnover Rates,
Organizational Behavioral Human Performance, vol.24, 1979, pp.29-40.
134) S. Alexander, & M. Ruderman, 앞의 글, 1987, pp.177-198.
135) R.L. Lissak, H. Mendes, & E.A. Lind, *Organizational and Nonorganizational
Influences on Attitudes toward Work*, Manuscript, University of Illinois,
Urbana-Champaign, 1993, p.12.
136) M.A. Konovsky, & R. Cropanzano, 앞의 글, 1991, pp.656-669.
137) M.S. Singer, Procedural Justice in Managerial Selection: Identification of
Fairness Determinants and Associations of Fairness Perceptions, *Social
Justice Research,* vol.5, 1992, pp.49-70.

제3장 연구의 설계

제1절
연구의 모형과 가설설정

1. 연구의 모형

조직공정성과 조직유효성 간의 관계를 다룬 대부분의 연구는 공정성 지각과 종업원의 직무관련 태도 간의 관계를 다룬 연구의 결과와 종업원의 성향, 정서, 인지와 조직유효성 간의 관계를 다룬 연구결과를 기초로 이들 간의 관계성을 검증하고 있다. 다시 말해 조직공정성의 각 차원들이 종업원의 직무관련 태도(직무만족, 조직몰입도)에 영향을 미친다는 사실과 이러한 태도를 구성하는 인지적 요소들이 조직유효성을 유발하는 요인이라는 사실과의 논리적 연계를 통해 조직공정성과 조직유효성 간의 관계를 설명하고 있다. 조직몰입이나 직무만족 및 조직유효성의 측정에 대한 연구들의 이론적 고찰을 통해서 조직유효성과 관련된 직무만족의 인지적 요소들은 공정성 지각에 의해 영향을 받을 것이라는 가정하에 조직공정성→직무만족, 조직몰입→조직유효성의 모형을 제시하였다. 이는 직무만족 그 자체로 조직유효성에 영향을 미친다기보다는 공정성 지각에 의해 형성된 직무만족이나 조직몰입이 조직유효성에 영향을 미치는 것을 의미한다.

공정성 지각 차원에서 임금지각과 조직유효성 간의 관계를 다룬 Organ & Konovsky의 연구, 조직몰입도와 조직유효성 간의 관계를 다룬 Scholl 과 Weiner의 연구 등을 통해 조직공정성→조직몰입도→조직유효성 의 관계를 예측할 수 있다.

이에 본 연구에서는 연구모형을 다음 <그림 3-1>과 같이 설정하였다.

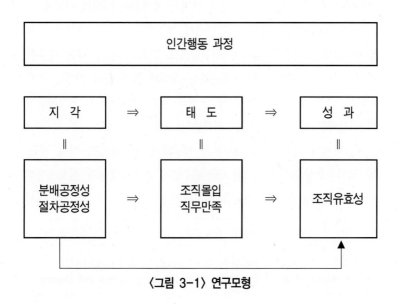

〈그림 3-1〉 연구모형

2. 가설설정

(1) 분배공정성, 절차공정성 지각과 조직몰입, 직무만족에 관한 가설

기존의 연구들에서 보면 분배공정성의 문제는 종업원 개개인의 노력에 대하여 상대적으로 얼마나 적절한 보상이 주어지는가에 대한 개별적인 인식의 문제로 보고 있다. 따라서 개개인이 자신의 직무에 얼마나 만족하는가의 개념인 직무만족에 직접적인 영향을 미치는 반면, 절차공정성은 개개 종업원이 절차상으로 조직으로부터 어떤 대우를 받고 있는가에 대한 정보를 제공하는 개인과 조직 간의 관계성 문제이므로 역시 조직과 개인 간의 긍정적 관련성의 정도인 조직몰입에 더 직접적인 영향을 미친다는 결과를 보고하고 있다.[138]

지금까지의 선행연구들 대부분은 직무만족, 조직몰입도, 이직, 결근, 등 조직유효성을 신장시키는 원인변수로서 분배공정성과 절차공정성이 주요한 역할을 하는 것임을 제시하였다.[139] 그러므로 본 연구에서

---

138) 임준철, 윤정구, 분배공성과 절차공정성이 직무만족과 조직몰입에 미치는 차별적 영향에 관한 연구: 문화적 맥락이 조직성원의 행위성향에 미치는 영향을 중심으로, 경영학 연구, 제27권 제1호, 1998, 2월, pp93-111.

139) S. Alexander & M. Ruderman, "The Role of Procedural and Distributive Justice in Organizational Behavior," *Social Justice Research*, vol.1, 1987, pp.177-198.

R. Folger & J. Greenberg, Procedural Justice: An Interpretive Analysis of Personnel Systems, In K. Rowland & G. Ferris, eds., *Research in Personnel and Human Resource Management*, vol.3, 1985, pp.141-183.

J. Greenberg, Looking Fair vs Being Fair: Managing Impressions of Organizational Justice, In B. M. Staw & L.L. Cummings, eds., *Research in Organiatioal Behavior*, vol.12, 1990, pp.11-157.

J. Greenberg & R. Folger, Procedural Justice, Participation and the Fair

는 분배공정성과 조직몰입에 관한 가설, 분배공정성과 직무만족에 관한 가설, 절차공정성과 조직몰입에 관한 가설, 절차공정성과 직무만족에 관한 네 가지 가설을 <가설 I>로 다음과 같이 설정하였다.

1) 분배공정성과 조직몰입에 관한 가설
   <가설 I-1> 분배공정성이 높을수록 조직몰입은 높을 것이다.

2) 분배공정성과 직무만족에 관한 가설
   <가설 I-2> 분배공정성이 높을수록 직무만족은 높을 것이다.

3) 절차공정성과 조직몰입에 관한 가설
   <가설 I-3> 절차공정성이 높을수록 조직몰입은 높을 것이다

4) 절차공정성과 직무만족에 관한 가설
   <가설 I-4> 절차공정성이 높을수록 직무만족은 높을 것이다.

Process Effect in Groups and Organizations, In P.B. Pauus, eds., *Basic Group Processes*, 1983, pp.235-256.
K.A. Hegtvedt, "The Effects of Relationship Structure on Emotional Responses to Inequity," *Social Psychology Quarterly*, vol.53, 1993, pp.214-228.
G.S. Leventhal, What Should Be Done with Equity Theory? In K.J.Gergen, M.S., Greenberg, & R.H. Willis, eds., *Justice and Social Interaction*, 1980, pp.167-218.
E.A. Lind & T. Tyler, *The Social Psychology of Procedural Justice*, N.Y., 1988, pp.267-278.

(2) 조직몰입, 직무만족과 조직유효성에 관한 가설

지금까지의 연구에서는 조직유효성을 결정짓는 요인들로 성격, 가치관, 태도, 욕구와 같은 개인특성이나, 분배공정성이나 절차공정성과 같은 상황특성, 그리고 조직몰입과 직무만족으로 보았다.[140] 기존 연구에 의하면 연구에 따라 조직몰입과 직무만족이 조직유효성에 직접적으로 영향을 미치기도 하고, 개인특성이나 상황특성, 조직유효성 사이를 조직몰입이나 직무만족이 매개역할을 하는 것으로 나타나고 있다.

결과변수인 조직유효성의 경우 조직의 목표와 조직의 구성원인 개인의 목표달성을 포함하는 개념이기 때문에 조직유효성을 연구하고 측정하는 데 조직구성원의 기업정책에 대한 응집성, 조직구조 변경에 대한 신축성, 회사의 신용도, 회사문제의 예방, 제거노력, 관료적 절차와 분위기의 변화 등을 주된 요소로 삼았다.

그러므로 <가설 II>는 조직몰입과 직무만족에 관한 가설, 조직몰입과 조직유효성에 관한 가설, 직무만족과 조직유효성에 관한 가설 세가지로 다음과 같이 설정하였다.

1) 조직몰입과 직무만족에 관한 가설
<가설 II-1> 조직몰입이 높을수록 직무만족은 높을 것이다.

2) 조직몰입과 조직유효성에 관한 가설
<가설 II-2> 조직몰입이 높을수록 조직유효성은 높을 것이다.

---

140) 송경수, 최만기, 박봉규, 직무만족과 조직몰입의 조직시민 행동에 대한 매개역할에 관한 탐색적 연구, 인사조직연구, 제7권 2호, 1999, pp.139-189.

3) 직무만족과 조직유효성에 관한 가설

<가설 Ⅱ-3> 직무만족이 높을수록 조직유효성은 높을 것이다.

(3) 분배공정성, 절차공정성과 조직유효성에 관한 가설

공정성 분야의 연구에 있어 많은 연구들이 공정성 변수를 포함한 대부분의 조직과 직무관련 변수들이 직무만족에 영향을 미치며, 직무만족은 다시 조직몰입을 설명하는 중요한 변수라는 과정모형을 주장하고 검증해 왔다.[141] Folger와 Konovsky의 연구에 의하면 절차공정성은 조직몰입도와 상사에 대한 신뢰변수를 설명하는 데 분배공정성보다 더욱 유의한 영향력을 가지고 있는 것으로 나타났다. 더 나아가 McFarlin과 Sweeney의 연구에서는 상사에 대한 평가와 조직몰입, 직무만족도 동시에 연구하였다. 이들은 조직유효성 변수에 영향을 미치는 조직공정성에 관한 연구결과를 제시하고 있다.

분배공정성과 절차공정성이 결과변수에 미치는 직접적인 영향을 살펴보기 위하여 분배공정성과 조직유효성 간의 가설과 절차공정성과 조직유효성 간의 가설을 <가설 Ⅲ-1, Ⅲ-2>에 설정하였다.

---

141) T.S. Bateman & S. Strasser, "A Longitudinal Analysis of the Antecedent of Organizational Commitment," *Academy of Management Journal*, vol.27, 1984, pp.95-112.
B. Buchanan, "Bulding Organizational Commitment: The Socialization of Managers in Work Organizations," *Administrative Science Quarterly*, vol.37, 1974, pp.533-546.
A.J. Farkas & L.E. Tetrick, "A Three Wave Longditudinal Analysis of the Causal Ordering of Satisfaction and Commitment on Turnover Decisions," *Journal of Applied Psycholigy*, vol.74, 1989, pp.855-868.

1) 분배공정성과 조직유효성에 관한 가설

   <가설 Ⅲ-1> 분배공정성이 높을수록 조직유효성은 높을 것이다.

2) 절차공정성과 조직유효성에 관한 가설

   <가설 Ⅲ-2> 절차공정성이 높을수록 조직유효성은 높을 것이다.

3. 변수의 조작적 정의 및 측정

연구모형에서 분배공정성, 절차공정성, 조직몰입, 직무만족, 그리고 조직유효성 등 주요변수를 다섯 가지로 선정하였다. 이에 대한 조작적 정의와 측정방법을 기술하면 다음과 같다.

(1) 분배공정성

Homans는 분배공정성은 보상이 제3자에 의해 주어질 경우, 보상 받는 사람들은 그들 각각이 희생하는 정도에 부합하는 보상이 분배 되기를 기대하는 것이라고 정의하고 Price & Mueller에 의해 개발된 분배공정성의 6개 측정항목을 연구의 목적에 부합되도록 번안한 것 중 종업원이 인사관리 시스템을 통해 자신에게 주어지는 일련의 보 상(고과, 보상, 승진)들을 자신의 투입과 비교할 때 공정하다고 인식 하는가를 묻는 10개 항목(설문문항 1부터 10번 문항)을 사용하여 측 정하였다.

(2) 절차공정성

Leventhal은 절차공정성이란 결과를 획득하는 데 사용된 기준이나 과정을 공정하다고 지각하는 정도라 정의하고, Leventhal, Karuza, Fry 등이 절차공정성의 규칙들을 기초로 개발한 측정도구를 연구목적에 맞게 번안하여 사용하였다. 절차공정성에는 인사관리 시스템과 관련한 의사결정 과정에서의 공정성을 묻는 문항으로 구성되었다. 즉, 의사결정에 대한 이의제기 가능여부, 의견수렴 정도, 일관성 유지 여부, 의견제시 여부, 그리고 전반적인 절차공정성을 측정하고자 하는 문항을 포함하여 11개 문항(설문문항 11부터 21번까지)으로 이루어졌다.

(3) 조직몰입

조직몰입은 조직구성원이 조직 자체와 조직가치 그리고 조직목표에 대하여 갖는 태도를 의미하고, Mowday와 동료들이 개발한 OCQ(Organizational Commitment Questionnaire)를 번역 인용하되 조직목표와 가치에 대한 신뢰감, 동일성, 그리고 조직목표 수행을 위한 노력 등을 파악하는 데 중점을 두고 설문을 실시하였다. 조직에 대한 충성심 정도, 자부심을 느끼는 정도, 관심여부, 기대 이상의 노력을 투입하려는 지의 여부 등 모두 9개 문항(설문문항 22번부터 30번)으로 구성되었다.

(4) 직무만족

직무만족의 조작적 정의는 직무에 대한 개인의 일반적인 태도를 의미하며, 다양한 개인의 성향, 인지, 정서적 요소들이 포함된다. 그러나 만족의 인지적 측면이 공정성에나 조직유효성에 보다 관련성이 클 것이라는 다수의 연구결과를 토대로, Brief & Roberson의 직무인지 척도(Job Cognition Scale)를 사용하여 측정하였다. 직무만족의 측정은 성공가능성 여부, 동료들과의 직장생활 여부, 승진가능성, 성취감 지각, 기회의 제공 등 모두 9개 문항(설문문항 31번부터 39번까지)으로 이루어졌다.

(5) 조직유효성

본 연구에서 조직유효성의 주요변수로는 질적인 조직유효성 가운데 응집성을 선정하였다. 응집성(adaptability of organization)은 기업정책에 대한 응집성, 조직구조 변경에 대한 신축성, 회사의 신용도, 회사 문제의 예방, 제거노력, 관료적 절차와 분위기의 변화 등으로 조작적 정의하고 Schein의 연구[142]와 신유근의 연구[143]를 참조하여 그 일부를 사용하였다. 조직유효성 문항은 총 13개 문항(설문문항 40번부터 55번까지)으로 전반적인 유효성 지각 정도를 포함하여 측정하였다.

---

142) E.H. Schein, "The Role of the Founder in Creating Organizational Culture," *Organizational Dynamic*, Summer, 1983, pp.389-401.
143) 신유근, 한국기업의 전통문화적 특성과 조직유효성에 관한 연구, 경영논총, 서울대학교 경영연구소, 제 13권, 3호, 1979, pp.156-179.

제 2 절
조사방법

1. 자료수집

　본 연구는 공정성 문제의 여러 가지 쟁점사항 중 인사관리, 특히 승진관리, 인사고과, 보상관리에 있어서 조직구성원들이 조직의 공정성에 대해 어떻게 지각하고 있는가를 알아보고, 조직공정성과 조직유효성 관계는 물론 조직구성원 태도인 조직몰입과 직무만족의 전체적 영향관계를 살펴보고자 하였다. 본 연구는 기본적으로 설문조사 방법에 의존하여 연구를 실시하였다.

　앞에서 제기한 연구과제를 분석하기 위해 본 연구에서는 설문조사와 문헌조사를 병행하였다. 설문조사에서는 표본기업의 일반적 현황을 파악하고 주로 인사부서 담당자를 비롯한 중간관리자층을 중심으로 한 응답자를 대상으로 설문조사를 실시하였다. 본 연구의 설문조사를 위해 사전조사를 2000년 11월부터 2001년 1월까지 3개월간 실시하였고, 이러한 사전조사를 토대로 설문문항의 수정작업을 거쳐 2001년 2월부터 2001년 3월까지 2개월 동안 본 조사를 실시하였다.

　조사대상 기업은 총 404개 기업이었는데, 조직구성원들의 공정성 지각 및 조직몰입, 직무만족 태도, 그리고 조직유효성에 대한 성과지각을 파악하기 위해 각 기업에 총 600부가 배포되어 현장에서 510부가 회수되었지만 불성실하며 내적 일관성이 없다고 판단되는 설문지 106개를 제외시켰다. 따라서 응답 회수율은 67.3%로 404개 자료가 실제

자료분석에 활용되었다.

본 연구는 기업의 인사관리 시스템하에서의 보상, 즉 승진, 임금, 인사고과에 대한 개인의 지각 정도, 인사 시스템과 관련하여 의사결정이 내려질 때의 절차의 공정성 지각 정도, 그리고 개인의 태도변수로서 조직몰입과 직무만족, 그리고 결과변수로서 조직구성원이 회사생활에서 느끼는 응집성 정도, 기업정책에 대한 응집성 지각 정도, 조직구조 변경에 대한 신축성, 회사의 신용도, 회사문제의 예방, 제거노력, 관료적 절차와 분위기의 변화 효과에 대해 개인수준에서 분석이 이루어지고 있다.

여기에서 조직구성원들의 분배공정성 및 절차공정성, 조직몰입, 직무만족, 조직유효성의 태도에 대한 분석은 기업 내 다수의 응답자들로부터 수집된 자료를 개인수준의 분석자료로 활용하였다. 즉 개인들이 회사에서 지각한 공정성 지각 정도와 조직몰입, 직무만족, 조직유효성 변화에 대한 지각 정도를 설문을 통하여 측정하고 이를 분석에 활용하였다.

표본기업으로는 기업의 규모를 비롯한 재무적 성과 등의 자료가 한국기업총람, 회사연감 등에 공개적으로 보고되는데, 이 중에서 제조업, 금융업, 건설업, 서비스업 분야를 선정하였다. 이러한 업종을 택한 이유는 이러한 대표적 네 가지 업종이 어느 업종보다도 인사 시스템의 공정성 여부와 조직유효성 간의 관계를 파악하는 데 의미가 있다고 보았기 때문이다. 표본기업은 편의추출 방법에 의해 선정되었는데, 이는 기업 내 다수의 응답자들을 대상으로 설문조사를 실시하기 위해서는 기업 내부 조사협조자들의 도움이 절대적으로 필요한 부분이 있기 때문이었다.

표본기업의 업종을 살펴보면, 404명 중 제조업에 근무하고 있는 개인이 136명(33.7%), 금융업 종사자가 74명,(18.3%), 건설업 종사자가 10명(2.5%)을 차지하였고, 서비스업 종사자가 184명(45.5%)을 차지하였다(<표 3-1> 참조).

〈표 3-1〉 조사대상자의 업종별 현황

업 종 별	빈 도 수(비 율)
제 조 업	136(33.7)
금 융 업	74(18.3)
건 설 업	10(2.5)
서 비 스 업	184(45.5)
계	404(100.0)

그리고 기업규모별 표본기업의 종업원 수에 대한 현황은 <표 3-2>에서 보는 바와 같이, 종업원 수 1~49명인 기업이 106개 사(26.2%), 50~99명 규모의 기업이 26개 사(6.4%), 100~299명인 기업이 97개 사(24.0%), 그리고 300인 이상의 대규모 기업은 175개 사(43.3%)를 차지하고 있음으로써 표본기업이 중소기업을 중심으로 분포되어 있음을 알 수 있다.

〈표 3-2〉 표본기업의 규모별 현황

종업원 수	표본기업 수(비율)
1~49	106(26.2%)
50~99	26(6.4%)
100~299	97(24.0%)
300인 이상	175(43.3%)
계	404(100.0)

한편 개별 설문응답자의 개인특성을 살펴보면 다음 <표 3-3>과 같다. 성별현황은 남자가 263명(65.1%)이고, 여자가 141명(34.9%)으로 남자가 조금 더 많은 것을 볼 수 있다. 연령현황에서는 30세 이하가 176명(43.6%), 31-40세가 182명(45.0%)으로서 41세부터 50세까지가 37명(9.2%)이며 51세 이상의 응답자는 9명(2.2%)에 그치고 있다. 학력현황은 중졸 이하가 3명(0.7%)이며, 고졸학력이 123(30.4%), 전문대졸의 경우 97명(24.0%), 대학졸업의 경우 161명(39.9%)으로 대부분을 차지하였고 대학원 이상도 20명(5.0%)나 되었다. 근속연수는 1~5년이 185명(45.8%), 6-10년이 129명(31.9%), 11-15년이 62명(15.3%), 그리고 16~20년이 17명(4.2%), 21년 이상이 11명(2.7%)이다. 그리고 임원급의 경우 8명(2.0%), 부장급이 8명(2.0%), 차장급이 23명(5.7%), 과장급이 57명(14.1%), 대리급 혹은 팀장급이 77명(19.1%), 사원급이 231명(57.2%)이었다. 직종별로는 영업직 57명(14.1%), 관리직 223명(55.2%), 생산직 14명(3.5%), 기술직 34명(8.4%), 연구직 20명(5.0%), 기타 56명(13.9%)이었다.

〈표 3-3〉 설문응답자 현황

성 별		연 령		학 력		근속년수		직 급		직 종	
남자	263(65.1)	30세 이하	176(43.6)	중졸 이하	3(0.7)	1~5	185(45.8)	임원급	8(2.0)	영업직	57(14.1)
여자	141(34.9)	31-40세	182(45.0)	고 졸	123(30.4)	6~10년	129(31.9)	부장급	8(2.0)	관리직	223(55.2)
		41-50세	37(9.2)	전문대졸	97(24.0)	11-15년	62(15.3)	차장급	23(5.7)	생산직	14(3.5)
		51세 이상	9(2.2)	대 졸	161(39.9)	16~20무	17(4.2)	과장급	57(14.1)	기술직	34(8.4)
				대학원졸	20(5.0)	21년 이상	11(2.7)	대리급	77(19.1)	연구직	20(5.0)
								사원급	231(57.2)	기타	56(13.9)
계	404 (100.0)	계	404 (100.0)	계	404 (100.0)	계	404 (100.0)	계	404 (100.0)	계	404 (100.0)

2. 통계분석방법

본 연구의 목적은 기업의 조직구성원들이 인사 시스템에 대하여 느끼는 분배공정성 혹은 절차공정성 지각과 조직몰입, 직무만족, 조직유효성 간의 관계를 밝혀보는 것이었다. 이를 분석키 위해 일차적으로 기술분석(descriptive analysis)과 빈도분석(frequency analysis)을 수행하여 기술통계량을 해석하였다. 그다음으로 다섯 가지 변수들 간의 상관관계 분석을 SPSS 10.0을 이용하여 분석하고 각 변수의 기술통계량도 함께 분석하였다. 분배공정성과 절차공정성이 조직유효성에 미치는 영향을 보기 위해 단순한 상관관계 분석이 아닌 구성원의 조직몰입, 직무만족이 결과변수에 대해서 어떤 차별적 영향을 주는지 아니면 동등한 영향을 미치는지를 보기 위해 Joreskog와 Sorbom(1988)이 제시한 선형구조 관계(LISREL)의 틀을 이용하여 구조모델 분석(Structural Equation Analysis)을 실시하였다. 앞 절에서 변수들 간의 단순한 상관관계 분석에서 드러났듯이 변수들 간의 구조관계를 체계적으로 밝히는 작업은 중요하게 다루어질 필요가 있다.

그러므로 <표 3-3>에 의해 상관계수의 상대적 크기를 바탕으로 추론해 볼 때 분배공정성과 절차공정성이 조직유효성에 미치는 영향은 분명하며 더 나아가 다섯 개 변수들 간의 영향과정을 선형구조 관계로 분석하는 것이 옳다고 판단된다.

제 3 절
측정도구의 신뢰도 및 타당도 검증

1. 신뢰도 검증

본 연구에서는 조직구성원의 공정성에 대한 지각 정도를 확인하고 이러한 공정성이 조직유효성에 어떠한 영향을 미치는가를 연구하며 이들 관계에 조직몰입과 직무만족과의 관계도 포함하여 그 관계를 규명하는 것이다. 그러므로 연구변수는 크게 다섯 가지 부분으로 구성된다. 즉 분배공정성 변수, 절차공정성 변수, 조직몰입 변수, 직무만족 변수, 조직유효성 변수이다.

각 변수들에 대한 신뢰도(reliability)를 검증하기 위하여 Cronbach's α 검증을 실시하였다. 따라서 각각의 변수를 구성하는 설문항목들이 내적 일관성(internal consistency)을 가지고 있는지를 확인하기 위해 신뢰도를 계산하였다. 이것은 항목 간의 분산이 너무 커서 변수를 일관하게 측정하지 못하는 항목이 있는지 확인해 보기 위해서이다.

Nunally(1967)에 의하면 최소의 허용기준치로서 신뢰도가 0.5 이하의 낮은 수치로 나타난 변수는 비차별성을 가지는 항목들이다. 따라서 내적 일관성을 가지지 못하는 문항이므로 제거되어야 한다. 따라서 신뢰도는 0.6 이상이 되어야 유의적인 것이다.

분석결과는 다음 <표 3-4>이다.

<표 3-4> 연구변수들의 신뢰도 계수 값

변수명	초기문항 수	문항 수	신뢰도 계수(α값)
분배공정성	11개 문항	10개 문항	0.8999
절차공정성	13개 문항	11개 문항	0.8247
조직몰입	10개 문항	9개 문항	0.8708
직무만족	10개 문항	9개 문항	0.8523
조직유효성	19개 문항	13개 문항	0.7880

초기의 다섯 가지 변수를 측정하기 위하여 총 63개 문항이 설문 조사되었으나 신뢰도 분석을 통하여 11개 문항이 내적 일관성이 없는 것으로 분석되어 제거하였고 총 52개 문항이 요인분석의 재료로 사용되었다.

<표 3-4>에 의하면 분배공정성 문항은 초기 11개 문항으로 설문 조사되었으나 1개 문항이 제거되었으며, 절차공정성의 2개, 조직몰입과 직무만족은 각각 1개 문항이, 조직유효성 문항은 6개가 제거되었다. 초기 설문문항에서 신뢰도를 저해시키는 문항들이 제거되어 다섯 가지 변수 모두 신뢰도 계수가 0.7에서 0.8 사이 값을 나타내어 각 연구변수를 구성하는 항목들 간에 내적 일관성이 높음을 알 수 있었다.

2. 타당도 검증

본 연구에서 제시하고 있는 분배공정성, 절차공정성, 조직몰입, 직무만족, 조직유효성의 평가기준 내지 요인이 얼마나 타당한지 검토하기 위해 각 요인의 문항에 대한 요인분석을 시행하였다. 여기서는 측정도구의 판별타당도(discriminant validity)를 보기 위하여 각각의 측정 항목의 값들을 직각회전 방식(Varimax Rotation)에 의한 요인분석을 실시하였다.

요인분석이란 각 변수들의 각 기준을 응답자들이 독립된 차원으로 지각하고 있는가를 분석하는 것으로서 이를 검증함으로써 앞서의 이론적 논의를 통해 설정된 다섯 가지 변수들이 다섯 가지 요인으로 묶이는지를 보기 위함이다.

요인추출 방법은 주성분 분석, 회전방법은 Kaiser 정규화가 있는 베리멕스를 통해 회전된 성분행렬 표를 다음 <표 3-5>와 같이 구할 수 있었다.

〈표 3-5〉 연구변수들의 요인분석 결과

변 수	항 목	요인부하량				
		요인 1	요인 2	요인 3	요인 4	요인 5
절 차 공정성	pj4	.769	6.133E-02	.176	.116	.159
	pj3	.758	8.368E-02	.125	.226	3.093E-02
	pj5	.729	9.381E-02	.199	1.988E-02	.149
	pj6	.716	6.716E-02	.162	-1.3E-02	8.020E-02
	pj2	.701	7.938E-02	.101	.169	-.138
	pj1	.660	.202	.157	.234	2.953E-02
	pj8	.656	.186	9.691E-02	.159	5.902E-02
	pj13	.540	.319	.379	.143	-1.8E-02
	pj12	.440	.351	.351	2.170E-02	1.248E-02
직 무 만 족	js21	.140	.757	.190	.282	3.301E-02
	js3	.171	.719	.125	.184	1.652E-02
	js10	.198	.717	.207	.181	.104
	js8	.112	.684	9.804E-02	.257	9.305E-02
	js4	.411	.520	6.997E-02	.244	1.722E-02
	js9	.172	.441	.262	.328	.122

변 수	항 목	요인부하량				
		요인 1	요인 2	요인 3	요인 4	요인 5
분 배 공정성	dj3	.265	.148	.850	.147	3.129E-02
	dj1	.209	.105	.831	.112	-1.8E-02
	dj2	.234	.136	.817	.179	2.322E-03
	dj4	.271	.176	.793	.176	3.351E-02
조 직 몰 입	oc6	.242	.230	.263	.741	.222
	oc7	.160	.272	.253	.737	.151
	oc30	.133	.156	9.435E-02	.638	-5.0E-02
	oc2	.284	.314	.166	.570	.234
	oc80	.241	.123	.184	.566	-6.4E-02
	oc9	5.209E-02	.347	-1.8E-02	.494	.176
	oc5	.352	.326	.234	.465	.185
	oc1	.159	.314	-1.33	.374	.273
조 직 유효성	je3	9.172E-02	-7.8E-03	3.257E-02	4.902E-02	.720
	je4	3.043E-02	.179	-2.5E-02	.177	.698
	je2	2.901E-03	-2.49	1.884E-02	.122	.618
	je19	.131	.415	8.915E-03	9.813E-03	.602

회전된 성분행렬에 의하여 분석한 결과가 바로 <표 3-5>이다. 이 표에 의하면 신뢰도 분석을 통해 신뢰성을 확보한 52개 문항 중 31개 문항만이 다섯 가지 요인으로 그 성분이 분류되었다. 즉 절차공정성에서는 9개 문항만이, 직무만족 변수는 6개, 분배공정성의 경우 4개 항목, 조직몰입의 경우 8개 항목, 조직유효성 항목은 4개만 구별된 요인으로 분류되었다. 결국, 분배공정성, 절차공정성, 조직몰입, 직무만족, 조직유효성 변수의 측정항목들은 각각 다른 요인에 높게 적재되어 단일차원성(single dimensionality)을 가지며 따라서 판별타당도를 대체로 충족시킨다고 할 수 있다.

3. 변수들 간의 상관관계

모든 연구변수들 간의 상관관계를 살펴보면 다음 <표 3-6>과 같다. 다섯 가지 변수, 정(+)의 상관관계를 보이는 특징을 가졌으며, 이는 0.01 수준(양쪽검증)에서 유의적으로 나타났다.

<표 3-3>에 따르면 분배공정성과 절차공정성 간의 관계는 $r=0.665$이며, 분배공정성과 조직몰입은 $r=0.547$이고, 분배공정성과 직무만족은 $r=0.515$이었다. 분배공정성과 조직유효성 간의 관계는 $r=0.258$로 나타났다. 절차공정성과 조직몰입은 $r=0.541$, 절차공정성과 직무만족 간은 $r=0.504$였으며, 절차공정성과 조직유효성은 $r=0.312$로 나타났다. 조직몰입과 직무만족 간의 관계는 $r=0.683$으로 강한 상관관계가 있는 것으로 나타났으며 조직몰입과 조직유효성, 직무만족과 조직유효성의 r값은 각각 0.564, 0.509였다.

〈표 3-6〉 연구변수들의 상관관계 계수 값

변수명	분배공정	절차공정	조직몰입	직무만족	조직유효성
분배공정	1				
절차공정	.665**	1			
조직몰입	.547**	.541**	1		
직무만족	.515**	.504**	.683**	1	
조직유효성	.258**	.312**	.564**	.509**	1

** 상관계수는 0.01수준(양측검정)에서 유의함.

제 4 장 실증분석

제1절
척도의 정제

1. 1차 확인요인 분석결과

신뢰성 분석과 요인분석을 통하여 내적 일관성을 확보함과 동시에 개념타당성을 저해하는 항목들을 회전된 성분행렬을 통해 다섯 가지 요인으로 추출한 뒤에 각 변수를 구성하는 항목들로 1차 확인요인 분석을 실시하여 설문항목을 정제(scale refinement)하였다. 그런 다음에 구조모형에 투입될 전체 연구변수들에 대한 2차 확인요인 분석을 실시하여 최종항목을 결정한 다음, 전체 측정모형(measurement model)을 확정하였다. 연구변수별 척도정제 결과가 다음 <표 4-1>이다.

연구변수	연구변수별 1차 확인요인 분석(1st CFA)						
	분석수 (설문번호)	x^2 (p값)	RMSR	GFI	AGFI	NFI	CFI
분배공정성	4 (1,2,3,4)	26.406 (0.00000185)	0.0255	0.935	0.673	0.960	0.963
절차공정성	4 (3,4,5,6)	25.168 (0.00000345)	0.0439	0.950	0.751	0.918	0.923
조직몰입	4 (2,5,6,7)	10.912 (0.00427)	0.0220	0.976	0.879	0.975	0.979
직무만족	4 (2,3,4,8)	2.507 (0.286)	0.0150	0.994	0.969	0.992	0.998
조직유효성	4 (2,3,4,19)	2.193 (0.334)	0.0178	0.995	0.973	0.994	0.999

공분산행렬(covariance matrix)을 이용하여 각 연구변수별로 1차 확인 요인 분석(1st CFA)을 실시하였다. 이 분석 과정에서 수정지수(modification indices) 3.5 이상을 기준으로 각 연구변수에 대한 단일차원성을 저해하는 항목들을 제거시켰다.

<표 4-1>에서 보는 바와 같이 분배공정성, 절차공정성, 조직몰입, 직무만족, 조직유효성 모두 4개 항목을 제외하고는 모두 제거되었다.

각 연구변수들의 적합도를 평가하기 위하여 GFI(Goodness-of-Fit Index)는 ≥.90이 바람직하며, AGFI(Adjusted Goodness-of-Fit Index)의 경우 ≥.90이 바람직하다. RMSR(Root Mean Square Residuals)는 .05보다 작을수록 바람직한 것이며, NFI(Normed Fit Index)의 경우 ≥.90이 바람직한 것이다. 또한 CFI(Comparative Fit Index)는 ≥.90이 바람직하며, χ^2 작을수록 바람직하다. χ^2 대한 P값의 경우 ≥.05가 바람직하다.

이러한 기준을 통해 볼 때 각 변수들의 여러 지표 중 가장 중요하다고 볼 수 있는 GFI가 분배공정성이 0.935, 절차공정성이 0.950, 조직몰입이 0.976, 직무만족이 0.994, 조직유효성이 0.995로 나타나 모든 연구변수들의 해당항목들은 적합도 평가들을 충족시키는 것으로 나타났다.

2. 2차 분석

척도들의 집중타당성(convergent validity)과 판별타당성(discriminant validity)을 조사하기 위하여 각 연구변수별 분석 후 남아 있는 항목들을 통합하여 전체 연구변수들에 대한 2차 확인요인 분석(2nd CFA)을 실시하였다.

2차 분석에서는 공분산행렬을 이용하였으며 측정항목의 과대한 제거를 방지하기 위하여 적합도(GFI와 AGFI) 증가율이 추가적인 항목 제거에 따라 큰 폭으로 변하지 않는 수준까지만 척도를 정제하였다. 왜냐하면 적합도의 확보에 따른 측정항목의 상실이라는 상쇄관계에서 적합도는 적정수준을 유지하면서 정보의 손실을 줄일 수 있을 것으로 판단되었기 때문이다.

이러한 절차에 따라 전체 측정모형(measurement model)을 확정하였는데, 그에 대한 적합도 지수들이 다음 <표 4-2>와 같다.

⟨표 4-2⟩ 연구변수별 2차 확인요인 분석(2nd CFA)

다섯 변수들의 분석 수	x^2 (p값)	RMSR	GFI	AGFI	NFI	CFI
12	53.868 (0.146)	0.0289	0.959	0.927	0.958	0.992

1차 확정요인분석에 사용되었던 20개 항목들 중 연속적인 요인분석을 통해 초기에 조직몰입(5번 항목)이 제거되고, 차례로 직무만족 4번, 조직몰입 7번, 절차공정성 3번과 4번 항목이 제거되었으며, 분배공정성 2번과 1번, 그리고 조직유효성 19번 항목이 제거되어 모두 8개 항목이 제거되었으며 따라서 12개 항목이 최종적으로 남게 되었다. 이러한 적합도 지수들은 χ^2이 53.868(df=44, p=0.146), RMSR=0.0289, GFI=0.959, AGFI=0.927, NFI=0.958, CFI=0.992로 나타나 전반적으로 만족할 만한 수준을 보였다. 한편 <표 4-3>에 나타난 바와 같이 대체적으로 요인부하량이 유의적이어서 집중타당성이 확보된 것으로 나타났다.

〈표 4-3〉 전체 연구변수들에 대한 확인요인 분석결과

연구변수	측정항목 수 (설문문항)	요인부하량	t값
분배공정성	2 (3, 4)	1.000 0.876	7.785
절차공정성	2 (5, 6)	1.000 0.909	5.195
조직몰입	2 (2, 6)	1.000 0.932	6.364
직무만족	3 (2, 3, 8)	1.000 0.803 0.680	7.280
조직유효성	3 (2, 3, 4)	1.000 1.262 1.242	5.788

* 전체 연구변수들에 대한 확인요인 분석결과에 따른 최종항목들의 적합도
χ^2=53.868 (df=44, p=0.146)
RMSR=0.0289, GFI=0.959, AGFI=0.927, NFI=0.958, CFI=0.992

제 2 절
가설 검증

1. 구조모형의 검증

본 연구의 전체 구조모형(overall model)을 도출하기 위하여 공분산 행렬을 이용하였으며, 이에 대한 검증결과는 다음 <표 4-4>와 같다.

⟨표 4-4⟩ 연구변수별 전체 구조모형 분석(Overall model CFA)

구 분	x^2 (p값)	RMSR	GFI	AGFI	NFI	CFI
공분산 구조모형의 적합도	94.210 (0.00000245)	0.0650	0.932	0.882	0.926	0.959

적합도에 있어서 x^2이 94.210(p=0.00000245)을 갖는 최적 모형이 도출되었다. 이러한 적합도는 전술한 일반적인 평가기준들과 비교할 때, x^2에 대한 p값과 GFI, AGFI, NFI, CFI 값이 평가기준에 충족되고 있어 연구변수들 간의 인과관계를 설명하기에 타당한 것으로 나타났다.

2. 가설 검증 및 논의

구조모형에 대한 경로분석결과는 <그림 4-1>에 나타나 있으며, 가설에 대한 구체적인 검증결과를 살펴보면 다음과 같다.

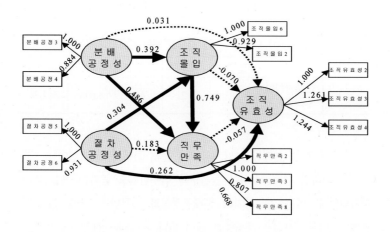

주) 1. 각 경 로 계 수 는 표 준 화 된 값.
2. ━━━▶ 유 의 적 (P<0.05)
3. ⋯⋯⋯▶ 비 유 의 적

〈그림 4-1〉 구조모형

〈표 4-5〉〈가설 Ⅰ-1〉 검증을 위한 경로분석결과

가 설	경 로	가설방향	경로명칭	경로계수	t값	지지여부
가설 1-1	분배공정성 -조직몰입	+	ϓ 11	.392	4.775	지 지

<가설 Ⅰ-1>은 분배공정성(ξ1)과 조직몰입(η1)에 관한 가설이다. <표 4-5>에 의하면 분배공정성을 지각할수록 조직몰입은 증가하는 것으로 나타나 가설이 지지되었다. 이는 지금까지의 연구들에서도 일반적으로 수용되는 가설로서 다시금 확인된 것이다. 기존 연구들에서는 분배공

정성이 조직몰입에 주요한 역할을 미치고 있는 것으로 연구되어 왔다
(Leventhal, 1980 등 연구 외 다수)

〈표 4-6〉〈가설 Ⅰ-2〉 검증을 위한 경로분석결과

가 설	경 로	가설방향	경로명칭	경로계수	t값	지지여부
가설 1-2	분배공정성 -직무만족	+	Υ 21	.486	5.096	지 지

〈가설 Ⅰ-2〉는 분배공정성(ξ1)과 직무만족(η2)에 관한 가설이다. <표
4-6>에 의하면 분배공정성이 높을수록 직무만족도 높다는 가설 역시
지지되었다. 이는 지금까지의 분배공정성과 직무만족 간에 정(+)의
관계가 있다는 사실을 재입증한 셈이 된다. Greenberg(1990)의 연구에
서도 공정성과 직무만족 간에는 상관관계가 정(+)의 방향으로 있음이
제시되었었다.

〈표 4-7〉〈가설 Ⅰ-3〉 검증을 위한 경로분석결과

가 설	경 로	가설방향	경로명칭	경로계수	t값	지지여부
가설 1-3	절차공정성 -조직몰입	+	Υ 12	.304	2.889	지 지

〈가설 Ⅰ-3〉은 절차공정성(ξ2)과 조직몰입(η1)에 관한 가설이다. <표
4-7>에 의하면 절차공정성이 높을수록 조직몰입이 높을 것이라는 가설
도 지지되었다. 분배공정성 및 절차공정성과 조직몰입에 관한 기존의
연구들의 경우 대체적으로 정(+)의 상관관계를 가지고 있는 것으로
분석되고 있는데 본 연구결과에도 이를 재확인할 수 있었다. 이는

McFarlin과 Sweeney(1992)의 연구결과와 일치하는 것으로 이들은 조직적 결과변수인 조직몰입 혹은 상사의 부하평가에 대해서 절차공정성이 분배공정성보다 더 좋은 예측치 변수라고 주장하고 있다.

〈표 4-8〉〈가설 I-4〉 검증을 위한 경로분석결과

가 설	경 로	가설방향	경로명칭	경로계수	t값	지지여부
가설 1-4	절차공정성 -직무만족	+	γ 21	.183	1.548	기 각

<가설 I-4>는 절차공정성(ξ2)과 직무만족(η2)에 관한 가설이다. <표 4-8>에 나타난 바와 같이 t값이 2를 넘지 못해 유의하지 못한 것으로 나타났다. 따라서 가설 <I-4>는 기각되었다. 이는 지금까지의 연구들에서도 검증되었던 바와 같이 분배공정성과 직무만족 간의 정(+)의 관계에 비해 절차공정성이 직무만족에 미치는 영향이 차별적이라는 연구(임준철, 윤정구, 1998)를 뒷받침하는 결과로 볼 수 있다. 또한 McFarlin과 Sweeney(1992)의 연구결과에 의하면 절차공정성보다는 분배공정성이 개인변수인 직무만족이나 임금만족 등의 변수에 영향을 미치는 결과를 보고하고 있다. 본 논문의 결과에 의하면 절차공정성이 직무만족에 미치는 영향은 유의적이지 못해 기각되었다.

〈표 4-9〉〈가설 II-1〉 검증을 위한 경로분석결과

가 설	경 로	가설방향	경로명칭	경로계수	t값	지지여부
가설 2-1	조직몰입 -직무만족	+	β 21	.749	5.837	지 지

<가설 II-1>은 조직몰입(η1)과 직무만족(η2)에 관한 가설이다. <표

4-9>에 의하면 조직몰입이 높을수록 직무만족도 높을 것이라는 가설은 지지되었다. 이는 조직몰입과 직무만족 간의 강한 상관관계가 있다는 기존 연구들의 결과들을 지지하는 것이라 할 수 있다. 다른 연구에서는 직무만족이 조직몰입의 원인이 되는 것으로 주장하는 경우도 많다. 하지만 또 다른 연구에서는 오히려 조직몰입이 직무만족을 가져오거나 둘 간에는 상호 인과적 영향력이 존재한다는 주장도 있다 (Bateman & Strasser, 1984: Farkas & Tetrick, 1989: Mathieu, 1991: Mathieu & Zajac, 1990: Vandenberg & Lance, 1992). 따라서 본 논문에서도 이들의 연구에 근거하여 조직에 몰입된 종업원이 다양한 긍정적 태도를 장기적으로 유지할 때 자신의 업무에 더 만족한다는 인과적 영향력을 따르고 있다고 할 수 있다.

〈표 4-10〉 〈가설 Ⅱ-2〉 검증을 위한 경로분석결과

가 설	경 로	가설방향	경로명칭	경로계수	t값	지지여부
가설 2-2	조직몰입 -조직유효성	+	β 31	-0.070	-0.744	기 각

<가설 Ⅱ-2>는 조직몰입($\eta 1$)과 조직유효성($\eta 3$)에 관한 가설이다. <표 4-10>에 의하면 조직몰입이 높을수록 조직유효성이 높을 것이라는 가설은 경로계수가 -0.070이고 t값이 -0.744로 기각되었다. 이는 신뢰도 분석과 요인분석 및 CFA 분석에서도 나타났듯이 조직유효성 설문문항이 대부분 제거되었고, 측정도구의 문제로 해석할 수도 있다. 다른 연구에서 보면 조직유효성은 다차원적인 개념이어서 가변성이 높은 특징을 갖는다. 즉 조직구성원의 조직몰입 수준에 따라 상당한 유의성이 나타나고 있다. 예를 들어 조직몰입이 높을수록 참여적이며 생

산성이 높을 것이며, 조직몰입 수준에 따라 결근율, 지각률 및 자발적인 이직률 등이 상대적으로 상이하게 나타나기도 한다(김원신, 황규형, 1994). 따라서 조직유효성에 대한 정교한 측정도구의 개발이 요구된다고 할 수 있다. 이는 본 논문의 조직유효성 측정항목들이 내부과정적 접근에 의한 조직 내부의 건정성 여부 항목으로 이루어져 있으나 경제성과 같은 양적인 유효성 지표의 사용이 중요하다는 점을 시사한다고 볼 수 있다.

〈표 4-11〉〈가설 Ⅱ-3〉 검증을 위한 경로분석결과

가 설	경 로	가설방향	경로명칭	경로계수	t값	지지여부
가설 2-3	직무만족-조직유효성	+	β 32	-0.057	-0.863	기 각

〈가설 Ⅱ-3〉은 직무만족($\eta 2$)과 조직유효성($\eta 3$)에 관한 가설이다. 〈표 4-11〉에 의하면 직무만족이 높을수록 조직유효성도 높을 것이라는 가설 역시 앞에서와 같이 기각되었다. 지금까지의 연구에서는 직무만족이 높은 사람들이 기업에 헌신하려는 자발적인 노력이 증대되어 조직성과가 향상되는 것으로 나타나고 있다(신유근. 1992). 그러나 앞서도 밝혔듯이 조직유효성은 다차원적인 개념이어서 가변성이 높은 특징을 갖는 것이기에 조직유효성을 측정해 내는 항목들에 대한 정교한 측정도구 개발에 필요한 데 본 논문이 많은 취약점을 가지고 있다고 해석할 수 있다. 따라서 일반적인 연구결과와 상반되는 결과를 보인 것은 본 연구의 한계점이라 할 수 있겠다.

〈표 4-12〉〈가설 Ⅲ-1〉 검증을 위한 경로분석결과

가 설	경 로	가설방향	경로명칭	경로계수	t값	지지여부
가설 3-1	분배공정성 -조직유효성	+	γ 31	.031	0.372	기 각

〈가설 Ⅲ-1〉은 분배공정성(ξ1)과 조직유효성(η3)에 관한 가설이다. 〈표 4-12〉에 의하면 분배공정성이 높을수록 조직유효성도 높을 것이라는 가설은 0.031의 경로계수와 t값이 0.372로 t값이 2를 넘지 못해 기각되었다. 이는 분배공정성과 조직유효성 간의 관계가 단순 상관관계에서는 정의 관계를 보이고 있지만, LISREL을 통한 경로는 유의적이지 못했다. 이러한 결과는 많은 연구들에서도 나타났듯이 분배공정성과 절차공정성이 조직성과에 미치는 영향 중 분배공정성보다는 절차공정성이 예측치로서 더 우세하다는 주장을 뒷받침하는 것이며, 특히 Lind의 연구(1990)에 의하면 분배공정성이 조직의 자원에 대한 최종 분배에 대한 의사결정에 실질적인 영향을 미치지 않는다는 주장과 일치한다고 볼 수 있다.

〈표 4-13〉〈가설 Ⅲ-2〉 검증을 위한 경로분석결과

가 설	경 로	가설방향	경로명칭	경로계수	t값	지지여부
가설 3-2	절차공정성 -조직유효성	+	γ 31	.262	2.695	지 지

〈가설 Ⅲ-2〉는 절차공정성(ξ2)과 조직유효성(η3)에 관한 가설이다. 〈표 4-13〉에 의하면 분배공정성과 조직유효성 간의 관계가 기각된 것에 반해 절차공정성이 높을수록 조직유효성이 높은 것으로 나타나 가설이 지지되었다. 이는 공정한 절차의 지각이 내부 조직의 건전한 행동 및 성

과를 위해 긍정적 영향을 미치고 있음을 나타내는 것이라 할 수 있다.

지금까지의 모든 가설의 관계분석결과를 종합하여 정리하면 다음 <표 4-14>와 같이 정리할 수 있다. <표 4-14>에 의하면 전체 가설 9가지 중 <가설 Ⅰ-1, Ⅰ-2, Ⅰ-3>과 <가설 Ⅱ-1>, <가설 Ⅲ-2>는 지지되었으며 나머지 4가지 가설, 즉 절차공정성과 직무만족에 관한 가설, 조직몰입과 조직유효성에 관한 가설, 직무만족과 조직유효성에 관한 가설, 분배공정성과 조직유효성에 관한 가설은 지지되지 못해 전체적으로 볼 때 부분적으로 가설이 지지되거나 기각되었다.

〈표 4-14〉 각 연구변수들 간의 관계분석결과의 종합

가설	경로	가설방향	경로명칭	경로계수	t값	지지여부
가설 Ⅰ-1	분배공정성 -조직몰입	+	γ 11	.392	4.775	지 지
가설 Ⅰ-2	분배공정성 -직무만족	+	γ 21	.486	5.096	지 지
가설 Ⅰ-3	절차공정성 -조직몰입	+	γ 12	.304	2.889	지 지
가설 Ⅰ-4	절차공정성 -직무만족	+	γ 22	.183	1.548	기 각
가설 Ⅱ-1	조직몰입 -직무만족	+	β 21	.749	5.837	지 지
가설 Ⅱ-2	조직몰입 -조직유효성	+	β 31	-.070	-.744	기 각
가설 Ⅱ-3	직무만족 -조직유효성	+	β 32	-.057	-.863	기 각
가설 Ⅲ-1	분배공정성 -조직유효성	+	γ 31	.031	.372	기 각
가설 Ⅲ-2	절차공정성 -조직유효성	+	γ 32	.262	2.695	지 지

제 5 장 결 론

제1절
연구결과의 요약

　지금까지의 종업원의 공정성 지각과 태도, 그리고 조직유효성 간의
관계를 다룬 기존의 연구들에서는 지각-태도-성과 등 포괄적인 관
련성에 대한 연구가 미진하였다. 이에 본 논문에서는 조직공정성 인
식에 의한 구성원의 태도 형성과 직무태도, 조직몰입의 형성이 조직
유효성 측면에 어떠한 영향을 미치는가를 통합적으로 실증 분석하고
자 하였다. 특히 조직공정성 문제의 여러 쟁점사항 중 인사관리, 특히
승진관리, 인사고과, 보상관리에 있어서 조직구성원들이 조직의 공정
성에 대해 어떻게 지각하고 있는가를 분석하고, 이러한 조직공정성과
구성원의 태도가 조직몰입과 직무만족의 영향관계 및 조직유효성 관
계에 대하여 분석하였다. 그 연구결과를 요약하면 다음과 같다.

　첫째, 분배공정성과 조직몰입의 관계는 분배공정성을 높게 지각할
수록 조직몰입도 높아지는 것으로 나타나 가설이 지지되었다. 이는
지금까지의 연구들에서도 일반적으로 수용되는 가설로서 다시금 확인

된 셈이다. 기존 연구들에서는 분배공정성이 조직몰입에 주요한 역할을 미치고 있는 것으로 연구되어 왔다.

둘째, 분배공정성과 직무만족의 관계는 분배공정성이 높을수록 직무만족도가 높다는 가설 역시 지지되었다. 이는 지금까지의 분배공정성과 직무만족 간에 정(正)의 관계가 있다는 사실을 재입증한 셈이된다. Greenberg(1990)의 연구에서도 공정성과 직무만족 간에는 정의 상관관계가 제시된 바 있다.

셋째, 절차공정성과 조직몰입과의 관계에 있어서도 절차공정성이 높을수록 조직몰입이 높을 것이라는 가설도 지지되었다. 분배공정성 및 절차공정성과 조직몰입에 관한 기존의 연구에서도 대체적으로 정(+)의 상관관계를 가지고 있는 것으로 분석되고 있는데 본 연구결과에도 이를 재확인할 수 있었다.

넷째, 절차공정성과 직무만족 관계의 경우는 기각되었다. 그 이유는 지금까지의 연구들에서도 검증되었던 바와 같이 분배공정성과 직무만족 간의 정(正)의 관계에 비해 절차공정성이 직무만족에 미치는 영향이 차별적이라는 연구를 뒷받침하는 결과로 볼 수 있다.

다섯째, 조직몰입과 직무만족 관계의 경우, 조직몰입이 높을수록 직무만족도 높을 것이라는 가설은 지지되었다. 이는 조직몰입과 직무만족 간의 강한 상관관계가 있다는 기존 연구들의 결과들을 지지하는 것이라 할 수 있다.

여섯째, 조직몰입과 조직유효성 관계는 기각되었다. 이는 신뢰도 분석과 요인분석 및 CFA 분석에서도 나타났듯이 조직유효성 설문문항이 대부분 제거되었고, 측정도구의 문제로 해석할 수도 있으며 지금까지의 연구들에서 가설이 지지된 점을 고려해 보면 조직유효성에 대한 정교한 측정도구의 개발이 필요한 것이라 볼 수 있다. 이는 조직유효성 항목들이 내부과정적 접근에 의한 조직 내부의 건정성 여부 항목으로 이루어져 있으나 경제성과 같은 유효성 지표의 사용이 중요하다는 점을 시사한다고 할 수 있다.

일곱째, 직무만족과 조직유효성에 관한 가설 역시 기각되었다. 앞서도 지적했듯이 일반적인 연구결과와 상반되는 결과를 보인 것은 본 연구의 한계점이라 할 수 있겠다.

여덟째, 분배공정성과 조직유효성에 관한 가설도 기각되었다. 이는 분배공정성과 조직유효성 간의 관계가 단순 상관관계에서는 정의 관계를 보이고 있지만, LISREL을 통한 경로는 유의적이지 못한 것으로 나타났다.

아홉째, 절차공정성과 조직유효성에 관한 관계, 즉 분배공정성과 조직유효성 간의 관계가 기각된 것에 반해 절차공정성이 높을수록 조직유효성이 높은 것으로 나타나 가설이 지지되었다. 이는 공정한 절차의 지각이 내부 조직의 건전한 행동 및 성과를 위해 긍정적 영향을 미치고 있음을 나타내는 것이라 할 수 있다. 지금까지의 모든 가설의 관계분석결과를 종합하여 정리하면 전체 가설 9가지 중 <가설 1-1, 2, 3>과 <가설 2-1>, <가설 3-2>는 지지되었으며, 나머지 4가지 가설 즉 절차공정성과 직무만족에 관한 가설, 조직몰입과 조직유효성에 관한 가설, 직무만족과 조직유효성에 관한 가설, 분배공정성과 조직유효성에 관한 가설은 지지되지 못해 전체적으로 볼 때 부분적으로 가설이 지지되거나 기각되었다.

제 2 절
연구의 시사점 및 한계

1. 연구의 시사점

본 논문에서는 몇 가지 의미 있는 모습을 제공하고 있는데 이를 정리하면 다음과 같다.

첫째, 분배공정성과 절차공정성의 차별적 영향을 재확인할 수 있었다. 지금까지의 몇몇 연구에서만이 이러한 차별적 영향에 대한 관심을 보였을 뿐 조직공정성 변수가 조직구성원의 태도에 단순 상관관계인 정의 관계만을 보인다고 연구되었을 뿐이었다. 이에 비해 본 논문에서는 임금, 승진, 보상, 인사관리에 대한 절차적 공정성이 조직유효성에 미치는 영향이 있음이 밝혀졌으며, 분배공정성과 조직몰입, 직무만족에 직접적인 관계가 있음을 시사한다.

둘째, 기존 연구들은 공정성이 미치는 결과변수를 임금만족, 직무만족 등 단일차원에서 주로 연구하였다. 그러나 본 논문은 지각-태도-성과를 연결짓는 통합적인 연구모형을 설정하고 이를 단순 상관분석이 아닌 척도의 정제과정, 즉 2차에 걸친 확인요인 분석을 통하여 공분산행렬을 이용한 전체 구조모형(overall model)을 도출하였다는 점이다. 본 연구를 통해 정제된 정교한 측정도구의 개발은 본 연구의 공헌이기도 하다.

2. 연구의 한계점

본 논문은 여러 가지 한계점을 가지는데 이를 정리하면 다음과 같다.

첫째, 본 연구는 제조업, 금융업, 건설업, 및 서비스업 분야의 직장인을 대상으로 하고 있으며, 횡단조사에 의존하기 때문에 공정성과 조직몰입, 직무만족, 조직유효성 간의 연구결과를 일반화하는 데 한계가 있다. 따라서 다른 산업분야 및 종단조사의 연구가 기대된다.

둘째, 본 논문에서는 결과변수인 조직유효성의 측정에 한계를 가지고 있다. 연구 분석결과 해석부분에서도 밝혔듯이 조직유효성을 조직건정성 지각이라는 항목으로 구성함으로써 실제적인 조직성과의 경제성 지표를 측정하지 못했다. 따라서 조직유효성 변수인 성과변수를 재무성과에 포함하는 측정도구의 개발이 필요하리라 생각된다.

셋째, 본 논문은 시간과 비용의 부족으로 장기간이 아닌 단기간의 설문조사에 근거하여 결과를 도출하였다. 또한 설문조사를 실시하는 과정에서 수많은 오류가 포함되었을 것으로 보이며, 조직유효성은 물론 분배 및 절차의 공정성 여부도 설문조사 대상자의 지각에만 의존함으로써 절차의 공정성 여부나 태도의 변화여부, 만족의 변화여부를 제대로 포착하지 못했을 가능성이 매우 높다는 한계점을 가진다.

[참고문헌]

〈국내문헌〉

강병서, 인과분석을 위한 연구방법론, 무역경영사, 1999.

김명언·이현정, 조직공정성: 평가기준과 지각된 공정성, 직무만족, 조직몰입, 봉급만족과의 관계, 한국심리학회지, 6 권 2호, 1992, pp.11-28.

김영진, 인사관리 체계의 분배공정성과 절차공정성, 연세대학교 박사학위 논문, 1995.

김영천, 신기술군, 조직구조와 전략 그리고 조직유효성 간의 관계, 홍익대학 교 석사학위논문, 1998.

김정민, 한국호텔기업에서의 보상체계와 공정성 지각이 보상만족에 미치는 영향: 문화지향성의 조절효과를 중심으로, 한양대학교 박사학위논문, 2000.

노언필, 조직에서의 절차공정성 지각이 구성원의 반응행동에 미치는 영향에 관한 연구: 인사정책을 중심으로, 조선대학교 박사학위논문, 199.

민경호, 경영학 원론, 무역경영사, 2000.

민경호외 1인, 임금체계에 대한 공정성 지각과 직무만족 관계에 관한 연구, 호서대학교 논문집, 1999.

박혜남, 조직문화와 조직유효성에 관한 연구, 세종대학교 대학원, 박사학위논 문, 1995.

배일현, 산업재 영업에 있어서 조직시민 행동의 선행변수 및 그 성과에 관한 연구, 홍익대학교 대학원 박사학위논문, 2000.

송경수, 조직시민 행동에 대한 직무만족, 조직몰입 및 조직정당성의 매개역 할, 계명대학교 대학원 박사학위논문, 1995.

송경수, 최만기, 박봉규, 직무만족과 조직몰입의 조직시민 행동에 대한 매개역
    할에 관한 탐색적 연구, 인사조직연구, 제7권, 제2호, 1999. pp.139-190.

신원준, 인사고과 상황에서의 정의지각에 관한 연구: 정의지각에의 영향요인
    및 정의지각이 평가반응과 조직성과에 미치는 영향을 중심으로, 한국
    과학기술원 박사학위논문, 1999.

신유근, 조직행위론, 서울 다산출판사, 1985.

신유근, 한국기업의 전통문화적 특성과 조직유효성에 관한 연구, 경영논총,
    서울대학교 경영연구소, 제 13권, 3호, 1979.

왕영항, 연봉제가 임금공정성 지각과 직장만족도에 미치는 영향에 관한 연구,
    숭실대학교 박사학위논문, 1998.

유성기, 공정성 지각과 보상만족이 조직유효성에 미치는 영향연구, 경원대학
    교 박사학위논문, 1995.

이경국, 임금에 대한 조직 내 정의의 지각이 조직효과에 미치는 영향, 명지
    대학교 대학원, 1996.

이경근, 박성수, 상호작용적 공정성, 분배적 공정성 간의 관계와 역할을 중심
    으로, 인사조직연구, 제7권, 제2호, 1999. pp.191-229.

이수원, 실패된 서비스와 회복 만족 간의 관계 연구: 지각된 공정성을 중심
    으로, 영남대학교 박사학위논문, 2000.

이순묵, 공변량구조분석, 성원사, 1990.

이학종, 정구현, 한국기업의 구조와 전략, 법문사, 1992.

이학종, 조직행동론, 세경사, 1995.

임준철, 윤정구, 분배공정성과 절차공정성이 직무만족과 조직몰입에 미치는 차
    별적 영향에 관한 연구, 경영학 연구, 제27권, 제1호, 1998, pp.93-111.

장성수, 집단응집성이 분배원칙 선호에 미치는 영향, 서울대학교 박사학위논
    문, 1987.

정범구, '인사관리 시스템에 대한 공정성 인식의 결정요인과 결과요인에 관
    한 연구' 서울대학교 대학원 박사학위논문, 1993.

조선배, LISREL 구조방적식모델, 영지문화사, 2000.

최명관 역, 니코마코스논리학, 서울, 서광사, 1994.

황경식 역, 사회정의론, 서광사, 1990.

〈국외문헌〉

Adams, J. S., Toward on Understanding of Inequity, *Journal of Abnormal Social Psychology*, vol.67, 1963, pp.422-436.

Adams, J. S., Inequity in Social Exchange. in L. Berkowitz (Ed), *Advances in Experimental Social Psychology*, vol.2, New York: Academic Press, 1965, pp.267-299.

Alderfer, C., An Empirical Test of a New Theory of Human Needs, *Organizational Behavior and Human Performance,* vol.4, 1969, pp.142-175.

Alexander, S., & M. Ruderman, M., The Role of Procedural and Distributive Justice in Organizational Behavior, *Social Justice Research*, vol.1, 1987, pp.177-198.

Alutto, J. A., Hrebiniak, L. G., Alonso, R. C., "On Operationalizing the Concept of Commitment", *Social Forces,* vol.51, No.51, 1973, pp.57-158.

Angle, H.L., & J.L. Perry, Dual Commitment and Labor-Management Relationship Climates, *Academy of Management Journal*, vol.29, 1986, pp.31-50.

Bateman, T.S., & D.W. Organ, Job Satisfaction and the Good Soldier: The Relationship between Affect and Employee Citizenship, *Academy of Management Journal*, vol.26, 1983, pp.587-595.

Becker, H. S., Notes on the Concept of Commitment, *American Journal of Sociology,* vol.66, 1960, pp.32-40.

Bies, R. J., "The Predicament of injustice: The Management of Moral Outrage." In Cummings L. L. & Staw B.(Eds.), *Research in Organizational Behavior*, vol.9, 1987, pp.289-319.

Brockner, J., Dewitt, R., L., Grover, S., & Reed, T., "When it is Especially Important to Explain Why: Factors Affecting the relationship between Managers' Explanation of a Layoff and Survivors' Reaction to the Layoffs", *Journal of Experimental Social Psychology,* vol.26, 1990, pp.389-407.

Brockner, J., Wiesenfeld, B. M., Reed, T., Grover, S., & Martin, C., "Interactive Effect of Job Content and Context on the Reactions of Layoff Survivors", *Journal of Personality and Social Psychology,* vol.64, No.2, 1993, pp.187-197.

Buchnan, B., Building Organizational Commitment: The Socialization of Managers in Work Organizations, *Administrative Science Quarterly,* vol.19, 1974, pp.533-546.

Conlon, D. S., Some Test of the Self-interest & Group-Value Models of Procedural Justice: Evidence Form an Organizational Appeal Procedure, *Academy of Management Journal,* vol.36, No.5, 1993, pp.934-1112.

Cropanzano, R. & Folger, R., Referent Cognitions and Task Decision Autonomy: Beyond Equity Theory, *Journal of Applied Psychology,* vol.74, 1989, pp.293-299.

Cunningham, J.B., "Approach to Evaluation of Organizational Effectiveness", *Academy of Management Review*, vol.2, no.3, 1977, pp.463-474.

Deutsch, M., Equity and Need: What Determines which Value will be Used as the Basis for Distributive Justice:, *Journal of Social Issues*, vol.331, No.3, 1975, pp.137-149.

Dittrich, J. E. & Carrell, M. R., Organizational Equity, Perceptions, Employee Job Satisfaction, and Departmental Absence and Turnover Rates, *Organizational Behavioral Human Performance,* vol.24, 1979, pp.29-40.

Fincham, R. & Rhodes, P. S., The Individual, Work, and Organization: Behavioral Studies for Business and Management (2nd ed.): Oxford University Press, 1992.

Fisek, H., Norman, R. G., & Wagner, D. G., The Formation of Reward Expectations in Status Situations, in Equity Theory: Toward a General Theory of Social Interaction. Ed. Messick, D. M. & Cook, K. S., New York: P. Lerner, 1986.

Folger, R. & P Konovsky, M., Effects of Procedural and Distributive Justice on Reactions to Pay Raise Decisions, *Academy of Management Journal*, vol.32, 1989, pp.115-130.

Folger, R., Rethinking Equity Theory: A Referent Cognitions Models, in Bierhoff, Cohen, & Greenberg(Eds.), *Justice in Social Relations*, New York: Plenum., 1986, pp.134-145.

Folger, R., "Reformulating the Preconditions of Resentment: A Referent Cognitions Model", In J. C. Masters & W. P. Smith(Eds.), *Social Comparison Justice, and Relative Deprivation*, 1987, pp.183-215.

Folger, R., & M.A. Konovsky, Effects of Procedural and Distributive Justice on Reactions to pay Raise Decisions, *Academy of Management Journal*, vol, 32, 1989, pp.115-130.

Georgiou, P., "The Goal Paradigm and Notes towards a Counter Paradigm," *Administrative Science Quarterly*, vol.18, 1973, pp.291-310.

Gilliland, S.W., Effects of Procedural and Distributive Justice on Reactions to a Selection System, *Journal of Applied Psychology*, vol.79, 1994, pp.691-701.

Greenberg, J., & Tyler, T. R., "Why Procedural Justice in Organizations?, *Social Justice Research"*, vol.1, 1987, pp.127-142.

Greenberg, J., The Distributive Justice of Organizational Performance Appraisals, in Bierhoff, Cohen, & Greenberg(Eds.), *Justice in Social Relations*, New York: Plenum Press, 1986, pp.337-352.

Greenberg, J., Reactions to Procedural Injustice in Payment Distributions: Do the Means Justify the Ends? *Journal of Applied Psychology*, vol.72, 1987, pp.55-71.

Greenberg, J., Determinants of Perceived Fairness of Performance Evaluations, *Journal of Applied Psychology*, Vol.71, 1986, pp.340-342.

Greenberg, J., Organizational Justice: Yesterday, Today, and Tomorrow, *Journal of Management*, vol.16, 1990, pp.399-432.

Hackman, J. R. & Oldham, G. R., Development of the Job Diagnostic Survey, *Journal of Applied Psychology*, vol.61, 1975, pp.159-170.

Herzberg, F., Mausner, B., & Snyderman, B., *The Motivation to Work*, New York: Wiley, 1959.

Herzberg, F., Mausner, B., Peterson, R., & Capwell, D., *Job Attitudes: Review of Research and Opinion*, Pittsburgh: Psychological Service of Pittsburgh, 1955.

Hirschman, A. O., *Exit, Voice, and Loyalty: Responses to Decline in Firms, Organization, and States*. MA: Harvard University Press, 1970.

Homans, G. C., *Social Behavior: Its Elementary Forms*, New York: Harcourt, Brace & World, 1961.

Hrebiniak, L. G., & Alutto, J. A., Personal and Role-related Factors in the Development of Organizational Commitment, *Administrative Science Quarterly*, vol.17, 1971, pp.555-572.

Kanfer, R., Motivation Theory and Industrial and Organizational Psychology, in M.D.Dunnett and L.M.Hough, Eds., *Handbook of Industrial and Organizational Psychology*, 1990, pp.76-170.

Kanter, R.M., Commitment and Social Organization on Study of Commitment Mechanisms in Utopian Communities, *American Sociological Review*, vol.33, 1968, pp.499-517.

Katz, D., & R.L. Kahn, *The Social Psychology of Organizations*, 3rd., N.Y., Wiley, 1978.

Konovsky, M.A., & S.D. Pugh, Citizenship Behavior and Social Exchange, *Academy of Management Journal*, vol.73, 1994, pp.656-669.

Korsgard M.A., & L. Roberson, Procedural Justice in Performance Evaluation: The Role of Instrumental and Non-Instrumental Voice in Performance Appraisal Discussions, *Journal of Management*, vol.21, 1995, pp.657-669.

Kosgarrd, M.A., Schwiger, D. M., & Sapienza, H., Building Commitment, Attachment, Trust in Strategic Decision-making Teams: The Role of Procedural Justice, *Academy of Management Journal*, vol.38. No.1, 1995, pp.59-73.

Landy, F.J., An Opponent Process Theory of Job Satisfaction, *Journal of Applied Psychology*, vol.63, 1978, pp.698-707.

Landy, F.J., Barnes-Farrell, J., & cleveland, J. N., Correlates of Perceived Fairness and Accuracy of Performance Evaluation, *Journal of Applied Psychology*, vol.63. 1978, pp.751-754.

Lee, C., Prosocial Organizational Behavior: The Role of Workplace Justice, Achievement Striving, and Pay Satisfaction, *Journal of Business and Psychology*, vol.10, 1995, pp.173-202.

Lee, S. M., An Empirical Analysis of Organizational Identification, *Academy of Management Journal*, vol.14, No.2, 1971, pp.213-226.

Leung, K. & Lee, W. K., Psychological Mechanism of Process Control Effects, *Journal of Applied Psychology*, vol.75, No.6, 1990, pp.613-620.

Leung, K. & Lind, E. A., Procedural Justice and Culture: Effects of Culture, Gender, and Investigator Status on Procedural Preference, *Journal of Personality and Social Psychology*, vol.50, 1986, pp.1134-1140.

Leung, K. K. & Michael, B., The Impact of Cultural Collectivism or Reward Allocation, *Journal of Personality and Social Psychology*, vol.4, 1984, pp.793-804.

Leventhal, G. S., *Fairness in Social Relations, in Contemporary Topic in Social*

Psychology, New Jersey: General Learning Process, 1976, pp.211-239.

Likert, R., "Measuring Organizational Performance," *Harvard Business Review*, Mar.-Apr., 1958, pp.41-50.

Lind E. A., & T.R. Tyler, *The Social Psychology of Procedural Justice*, N.Y., Plnum, 1988, pp.267-278.

Lissak, R. I., Mendes, H., & Lind, E. A., *Organizational and Non-organizational Influences on Attitudes toward Work*, Manuscript, University of Illinois, Urbana-Champaign, 1983.

Locke, E. A., The Nature and Causes of Job Satisfaction, In M. Dunnette(ed.), *Handbook of Industrial and Organizational Psychology* Chicago: Rand-McNally, 1976, pp.1-1405.

Lurie, C.R., A Parametric Model of Utility for Two-Person Distributions, *Psychological Review*, vol.94, 1987, pp.42-60.

Maslow, A., A Theory of Human Motivation, *Psychological Review*, vol.50, 1983, pp.370-396.

Mathieu, J.E., & D.M. Zajzc, A Review and Meta-Analysis of the Antecedents, Correlates, and Consequences of Organizational Committment, *Psychological Bulletin*, vol.108, 1990, pp.171-194.

McFarlin, D.B., & P.D. Sweeney, Distributive and Procedural Justice as Predictors of Satisfaction with Personal and Organizational Outcomes, *Academy of Management Journal*, vol.35, 1992, pp.626-637.

Meindle, J.R., Managing to be Fair: An Exploration of Values, Motive, and Leadership, *Administrative Science Quarterly*, vol.34, 1989, pp.252-276.

Meyer, J.P., N.J. Allen & J. Smith, Commitment to Organizations and Occupations: Extensions and Test of a Three-Component Conceptualization, *Journal of Applied Psychology*, vol.78, 1993, pp.538-551.

Meyer, J.P., S.V. Paunonen, I.R. Gallatley, R.D. Goffin & D.N. Jackson, Organizational Commitment and Job performance: It's the nature of the

Committment that Counts, *Journal of Applied Psychology*, vol.74, 1989, pp.152-156.

Morris, J. H. & Sherman, J. D., "Generalization of an Organizational Commitment Model", *Academy of Management Journal*, vol.24, 1981, pp.512-526.

Mowday, R. T., Steers, R. M., & Porter, L. W., *Employee-Organization Linkages: The Psychology of Commitment, Absenteeism and Turnover*, New York Academic Press, 1982.

Organ, D. W. & Bateman, T. S., *Organizational Behavior*, 4th ed., Irwin, Boston, R. R. Donnelley & Sons co., 1991.

Organ, D.W., & M.A. Knovsky, Cognitive versus Affective Determinants of Organizational Citizenship Behavior, *Journal of Applied Psychology*, vol.74, 1988, pp.157-164.

Pearch, J. L. & Porter, L. W., Employee Responses to Formal Performance Appraisal Feedback, *Journal of Applied Psychology*, vol.71, 1986, pp.211-218.

Pfeffer J., & GR. Salancik, *The External Control of Organizations*, N.Y., Haper & Row, 1978.

Pigors, P. & Myers, C. A., *Personnel Administration: A Point View and a Method*, 9th ed. New York: McGraw-Hill Book Co., 1981, pp.303-362.

Porter, L. W. & Lawler, E. E., *Managerial Attitudes and Performance,* Homewood: Irwin-Dorsey, 1968.

Porter, L. W., "The Ecology of Organizational Commitment: A Longitudinal Study of Initial Stages of Employee-Organization Relationships", *Administrative Science Quarterly,* vol.19. 1974, p.533.

Price, J.L., *Organizational Effectiveness: An Inventory of Propositions*, Homewood III, Irwin, 1968, pp.203-204.

Robbins, S. P., .*Organization Theory: The Structure and Design of Organizations*, Eaglewood Clifs, N.J., Prentice-Hall, 1983, p.5.

Roethlisberger, F. J. & Dixon, W. J., *Management and the Worker*, Cambridge, Mass: Harvard University Press, 1989.

Rusbult, C. E., Farrell, D., & Mainous, A. G., Impact of Exchange Variables on Exit, Voice, Loyalty, and Neglect: An Integrative Model of Responses to Declining Job Satisfaction, *Academy of Management Journal*, vol.31, 1988, pp.599-627.

Schaffer, R. H., Job Satisfaction as Related to Need Satisfaction in Work, *Psychological Monographs*, vol.67, 1953, pp.14-25.

Schein, E.H. "The Role of the Founder in Creating Organizational Culture," *Organizational Dynamic*, Summer, 1983, pp.389-401.

Scholl, RW., Differentiating Organizational Committment form Expectancy as a Motivating Force, *Academy of Management Review*, vol.6, 1981, pp.589-99.

Seashore, S.E., & E. Yuchtman, "Factorial Analysis of Organizational Performance," *Administrative Science Quarterly*, vol.32, No.11, 1967, pp.377-395.

Seashore, S.E., & E. Yuchtman, "A Systems Resource Approach to Organizational Effectiveness," *American Sociological Review*, vol.32, 1967, pp.891-903.

Sheldon, M., Investments and Involvements as Mechanism Producing Commitment to the Organization, *Administrative Science Quarterly*, vol.16, 1971, pp.143-150.

Sheppard, B. H. & Lewicki, R. J., "Toward General Principles of Managerial Fairness", *Social Justice Review*, 1984, pp.153-167.

Sheppard, B. H., Third-party Conflict Intervention: A Procedural Framework, in Straw & Cummings(Eds.), *Research in Organizational Behavior*, Greenwich, CT, vol.6, 1984, pp. 141-190.

Sheppard, B. H., Lewicki, R. J., & Minton, J. W., *Organizational Justice: The Search for Fairness in the Workplace*, New York, Lexington

Books. 1992.

Singer, M. S., Procedural Justice in Managerial Selection: Identification of Fairness Determinants and Associations of Fairness Perceptions, *Social Justice Research,* vol.5, 1992, pp.49-70.

Smith, C.A., D.W. Organ, & J.P. Near, Organizational Citizenship Behavior: Its Nature and Antecedents, *Journal of Applied psychology,* vol.68, 1983, pp.653-663.

Smith, P. C., Kendall, L. M., & Hulin, C. L., *The Measurement of Satisfaction in Work and Retirement: A Strategy of the Study of Attitudes,* Skokie, IL: Rand McNally, 1969.

Stake, J.E., Factors in Reward Distortion: Allocator Motive, Gender and Protestant Ethics Endorsement, *Journal of Personality and Social Psychology,* vol.44, 1983, pp.410-418.

Steers, R. M., "Antecedents and Outcomes of Organizational Commitment," *Administrative Science Quarterly,* vol.22, 1977, pp.35-67.

Sweeney, P. D. & McFarlin, D. B., Workers' Evaluations of the Ends and the Means: An examination of Four Models of Distributive and Procedural Justice, *Organizational Behavior and Human Decision Processes,* vol.55, 1993, pp.23-40.

Taylor, F., *Scientific Management,* New York: Harper & Brothers, 1947.

Thibaut, J. & Walker, K., *Procedural Justice: A Psychology Analysis,* Hillsdale, N.J.,: Erlbaum, 1975.

Tyler, T. R., Conditions Leading to Value Expressive Effects in Judgements of Procedural Justice: A Test of Four Models, *Journal of Personality and Social Psychology,* vol.52, 1987, pp.333-344.

Tyler, T. R., The Psychology of Procedural Justice: A Test of Group-value Model, *Journal of Personality and Social Psychology,* vol.57, 1989, pp.830-838.

Tyler, T.R., The Role of Perceived Injustice in Defendant's Evaluation of their Courtroom Experience, *Law and Society Review*, vol.18, 1984, pp.51-74.

Vecchio, R.P., An Individual Differences Interpretation of the Conflict Predictions Generated by Equity Theory and Expectancy Theory, *Journal of Applied psychology*, vol.66, 1981, pp.470-481.

Wagner, J. A. Ⅲ & Hollenbeck, J. R., *Management of Organization Behavior*, Prentice Hall Inc, 1992.

Walster, E., Ellen, B., & George, W., *Equity: Theory and Research*, Boston: Allyn and Bacon, 1978.

Weaver, C. N., Job Satisfaction in the United States in the 1970s', *Journal of Personality and Social Psychology*, vol.65, 1980, pp.364-367.

Williams, L.J., & S.E. Anderson, Job Satisfaction and Organizational Committment as Predictors of Organizational Citizenship and in Role Behaviors, *Journal of Management*, vol.17, 1991, pp.601-617.

조 국 행(趙 國 行)

___

학 력
  호서대학교 경영학과 졸업
  호서대학교 대학원 경영학 석사
  호서대학교 대학원 경영학 박사

경 력
  미국 The Ohio State University DAUCM과정 수료
  한국산업인력공단 직업훈련과정 평가위원
  대한경제연구원 연구위원
  금강공업주식회사 경영자문위원
  대한경영학회 상무이사
  대한경영정보학회 이사
  대림대학 경영정보계열 교수

연구논문
  「분배 및 절차공정성에 관한 연구」
  「조직문화 이해의 새로운 접근」
  「신 노사문화 구축에 관한 연구」
  「지식경영의 핵심요인이 조직유효성에 미치는 영향에 관한 연구」 외 다수

저서(역서, 공저 등 포함)
  『인간관계론』(한올출판사)
  『통계학』(도서출판 글로벌)
  『경영정보처리』(동학출판사)외 다수

공정성과 조직몰입, 직무만족, 조직유효성

- 초판 인쇄 | 2007년 1월 30일
- 초판 발행 | 2007년 1월 30일

- 지 은 이 | 조국행
- 펴 낸 이 | 채종준
- 펴 낸 곳 | 한국학술정보㈜
    경기도 파주시 교하읍 문발리 526-2
    파주출판문화정보산업단지
    전화 031) 908-3181(대표) · 팩스 031) 908-3189
    홈페이지 http://www.kstudy.com
    e-mail(출판사업팀사업부) publish@kstudy.com
- 등 록 | 제일산-115호(2000. 6. 19)
- 가 격 | 9,000원

ISBN   89-534-6184-7 93320 (Paper Book)
        89-534-6185-5 98320 (e-Book)